Computer Bild

Prinz & Müller

PowerPoint 2010

Präsentieren leicht gemacht

ullstein

Zu diesem Buch

Mit PowerPoint 2010 setzen Sie sich effektvoll in Szene. Oft geht es darum, im Unternehmen neue Ideen zu präsentieren, den Kollegen bestimmte Informationen anschaulich zu vermitteln oder einfach einmal Freunden die Fotos der letzten Urlaubsreise auf besondere Art und Weise zu zeigen. Dafür bietet das Präsentationsprogramm von Office 2010 erstaunliche Möglichkeiten. Mit PowerPoint 2010 gibt Ihnen Microsoft ein Instrument an die Hand, mit dem Sie optimal bebildern können, was Sie zu sagen haben.

Das Gute daran: Gleichgültig, ob Sie bislang mit Word oder Excel gearbeitet haben, Sie werden sich in PowerPoint sofort zurechtfinden. Microsoft hat sich große Mühe gegeben, die Bedienung der drei Programme zu vereinheitlichen. So fällt Ihnen der Einstieg sicherlich nicht schwer, und Sie werden rasch auf Ihre erste gelungene Präsentation blicken können. Dieses Buch hilft Ihnen dabei und liefert somit das Fundament für ein umfassendes Verständnis von PowerPoint 2010.

So können Sie die große Funktionsvielfalt von PowerPoint ausschöpfen, die in der neuen Version noch einmal erweitert wurde. Mit Werkzeugen zur Bild-, Ton- und Filmbearbeitung fällt es leicht, attraktive und unterhaltsame Präsentationen zu gestalten, die Ihre Zuschauer beispielsweise mit interessanter Klanguntermalung und eingebetteten Videos fesseln. Hinzu kommen die zahlreichen Effekte für den Wechsel zwischen den einzelnen Folien, mit denen sich – fast wie beim Filmschnitt – professionelle Übergänge gestalten lassen.

Und PowerPoint ist auf der Höhe der Zeit: Ihre Präsentationen können Sie nicht nur direkt aus der Anwendung im Internet speichern, sondern dort auch zur Bearbeitung freigeben und anderen sogar vorführen, genau so, als säßen alle im gleichen Raum. Diese Bandbreite eröffnet Ihnen das vorliegende Buch in den leicht verständlichen Schritt-für-Schritt-Anleitungen, die Sie von COMPUTER BILD gewohnt sind. Beherrschen Sie die Szene mit Ihrem perfekten Auftritt. Viel Erfolg!

1 Erste Schritte mit PowerPoint

Bereits seit Mitte der 90er-Jahre des vorigen Jahrhunderts ist „Microsoft PowerPoint" das weltweit führende Programm zur Erstellung, Bearbeitung und Durchführung von computergestützten **Präsentationen**. Trotz dieses für die Computerwelt schon „hohen Alters" ist die Software nicht nur in technischer Hinsicht, sondern auch bei der Benutzerführung tonangebend.

Zuletzt verpassten die Entwickler von Microsoft der Programmsammlung „Microsoft Office 2007" eine neue Oberfläche. Diese Benutzerführung hat sich seither bewährt und wurde in der aktuellen Office-Version 2010, zu der auch PowerPoint 2010 gehört, größtenteils beibehalten. Der wohl wichtigste Vorteil besteht darin, dass es dem Anwender nun möglich ist, mit wenigen Mausklicks von einer ersten Idee zu einer im wahrsten Sinne vorzeigbaren Präsentation zu kommen.

Im ersten Kapitel dieses Buches werden Sie mit dieser Benutzerführung vertraut gemacht - und sich wundern, wie einfach es ist, eine erste kleine Präsentation zu erstellen. Auch ohne Vorkenntnisse mit PowerPoint oder anderen Präsentationsprogrammen.

Im ersten Kapitel dieses Buches erfahren Sie,

- wie Sie PowerPoint starten,
- welche Möglichkeiten Ihnen die Benutzeroberfläche bietet,
- wie Sie mit wenigen Mausklicks eine Präsentation erstellen,
- wie Sie die Präsentation starten und beenden,
- wie Sie die Präsentation speichern
- und wie Sie das Programm PowerPoint beenden.

Kapitel-Wegweiser

PowerPoint 2010 starten

In der Regel wird PowerPoint 2010 weder einzeln erworben noch einzeln installiert, sondern als Teil des Office-Pakets gemeinsam mit den anderen Office-Anwendungen wie **Word** oder **Excel**. Für Sie bedeutet das, dass Sie sich nicht extra mit der **Installation** von PowerPoint 2010 herumärgern müssen: Mit der Installation von Microsoft Office 2010 ist auch PowerPoint 2010 schon startklar, und Sie können sofort loslegen.

1 Um PowerPoint zu starten, klicken Sie einfach auf das Windows-**Symbol**, das Sie unten links in der Taskleiste finden: ●.

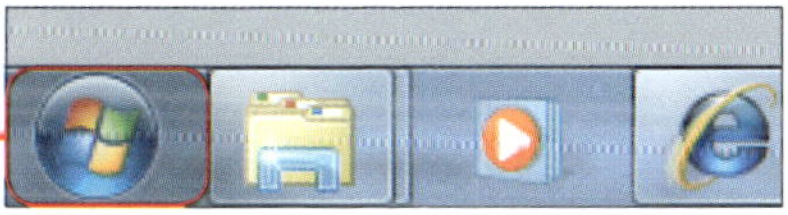

Daraufhin öffnet sich das **Windows-Menü**, in dem Sie alle Programme sehen, die Sie in letzter Zeit gestartet haben. Sollte PowerPoint bisher noch nicht gestartet worden sein, wird es hier auch nicht angezeigt. Daher müssen Sie es zunächst mit einem Mausklick auf ● aufrufen.

2 Nun zeigt Ihnen Windows im Startmenü alle Programme an, die sich auf Ihrem PC befinden. Zur besseren Über-

Microsoft PowerPoint 2010 als Einzelversion

Anders als bei vorherigen Versionen besteht bei Office 2010 auch die Möglichkeit, die Programme einzeln zu erwerben. Angesichts des erheblichen Preisvorteils, den die verschiedenen Office-Pakete bieten, dürfte dieses Angebot jedoch nur in Ausnahmefällen auf Interesse stoßen. PowerPoint 2010 ist Bestandteil aller Office-Pakete – einschließlich der Version „Microsoft Office Home and Student 2010“, die Privatpersonen, Schülern und Studenten einen preiswerten Einstieg in die Microsoft Office-Welt ermöglicht.

sicht sind diese meist nach Gruppen sortiert. Wenn Sie hier auf die Programmgruppe

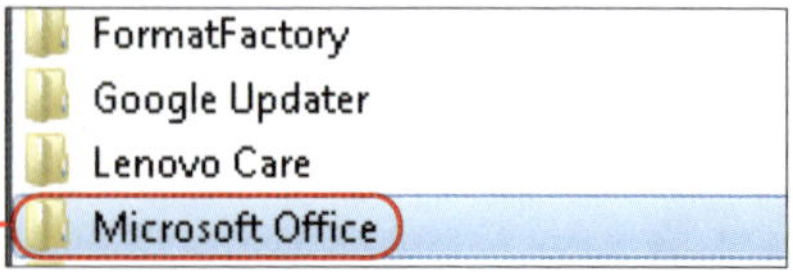

klicken, klappt eine Liste mit den einzelnen Programmen von Microsoft Office auf. Hier genügt ein Mausklick auf .

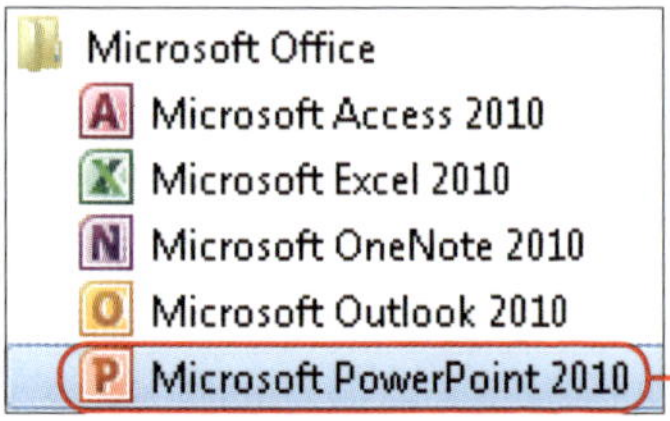

Die Benutzeroberfläche von PowerPoint 2010

Wenige Sekunden nachdem Sie PowerPoint gestartet haben, erscheint das Programm formatfüllend auf dem Bildschirm Ihres PCs: .

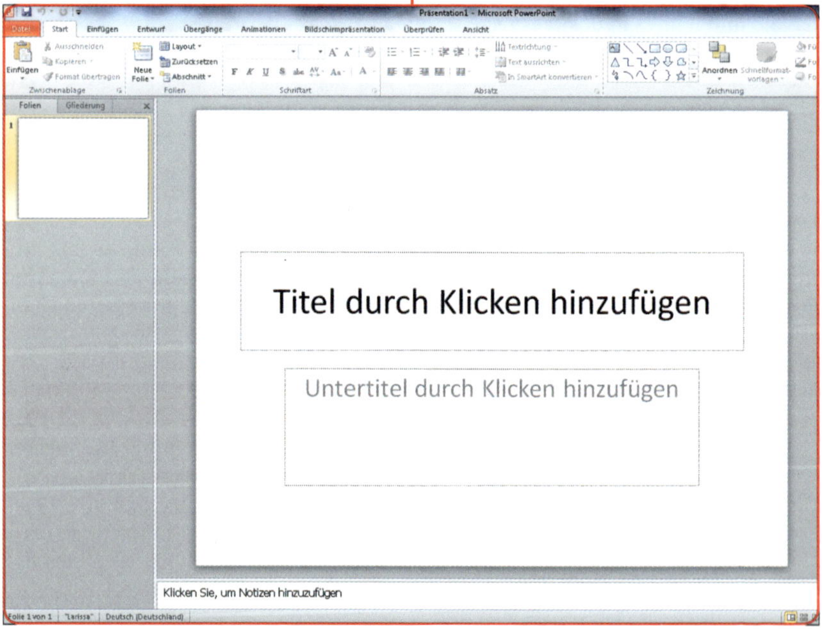

Nun sollten Sie sich ein paar Minuten Zeit nehmen, um die einzelnen Elemente der Benutzeroberfläche kennenzulernen.

1 Unübersehbar in der Mitte des Bildschirms sehen Sie den **Arbeitsbereich** des Programms. Hier hat das Programm bereits ein leeres Präsentationsblatt, eine sogenannte **Folie**, für Sie bereitgelegt. Darauf können Sie bestimmte Bereiche anklicken, um einen Titel ● und einen Untertitel ●

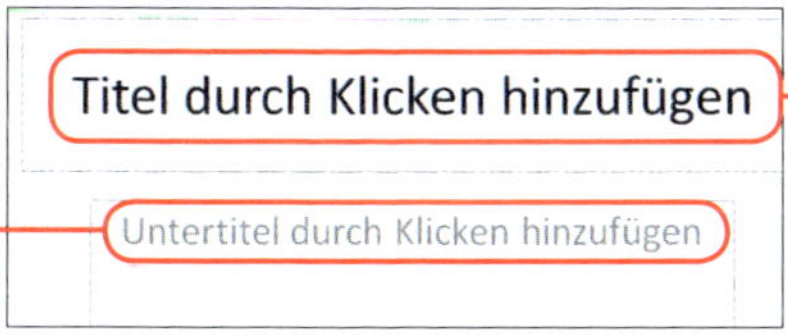

einzugeben. Auf der Arbeitsfläche wird stets die Präsentationsfolie angezeigt, die Sie gerade in Arbeit haben.

2 Den linken Rand des Fensters nimmt eine Spalte ein, an deren Kopfende sich zwei Registerreiter für Registerkarten befinden. Sie erleichtern Ihnen die Übersicht über eine Präsentation: Mit einem Mausklick können Sie zwischen der **Folienansicht**, der linken Registerkarte ●, und der **Gliederungsansicht**, der rechten Registerkarte ●,

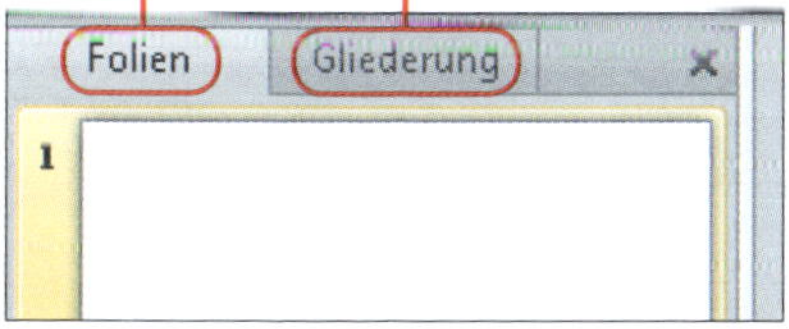

wechseln. Normalerweise wird zunächst die Folienansicht angezeigt. Da die neue Präsentation bislang noch keine Folien enthält, erscheint hier nur ein leerer Platzhalter.

3 Am unteren Rand des Bildschirms befindet sich eine **Statusleiste**. Hier liefert Ihnen das Programm die wichtigsten Informationen, die die aktuelle Folie betreffen. Von links nach rechts sind dies: die aktuelle Foliennummer, das gerade ausgewählte Design-Schema und die aktive Spracheinstellung des Programms.

4 Auf der rechten Seite der Statusleiste finden Sie vier Symbole, mit denen Sie die Darstellung des Programms beeinflussen können: Ein Klick auf die erste Schaltfläche ● aktiviert die normale Folienansicht (die Sie gerade sehen). Ein Klick auf die nächste Schaltfläche ● wechselt zur **Foliensortierung**, mit der Sie umfangreichere Präsentationen sortieren können.

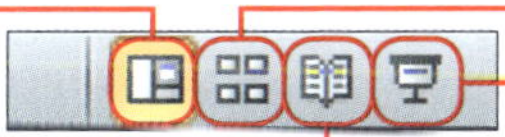

Die dritte Schaltfläche ● aktiviert den Lesemodus, in dem Sie eine Vorab-Ansicht der aktuellen Folie erhalten. Die letzte Schaltfläche ● schließlich startet die Vorführung der **Bildschirmpräsentation**, beginnend mit der aktuellen Folie.

5 Ganz rechts in der Statusleiste stoßen Sie auf eine Funktion, die die Arbeit mit umfangreichen Dokumenten spürbar erleichtert: Mithilfe eines Reglers können Sie die **Ansicht** der Foliendarstellung größer oder kleiner zoomen.

Zoom einstellen

Wenn Sie den Regler anklicken und mit weiterhin gedrückter Maustaste nach links schieben, wird die Folienansicht verkleinert, schieben Sie ihn hingegen nach rechts, wird sie vergrößert. Klicken Sie das Symbol rechts neben dem Schieberegler

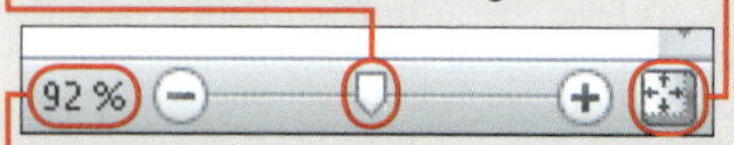

an, wird die Folienansicht automatisch an die verfügbare Fenstergröße angepasst. Den aktuellen **Zoomfaktor** können Sie neben dem Schieberegler ablesen.

Das Menüband

Im oberen Bildschirmbereich von PowerPoint 2010 finden Sie alle Werkzeuge und Hilfsmittel, um eine Präsentation zu erstellen. Statt in Menüs sind diese Werkzeuge unter neun verschiedenen Registerreitern zusammengefasst. Über diese Registerreiter steuern Sie die Anzeige des **Menübands**, das bei PowerPoint 2007 noch Multifunktionsleiste hieß:

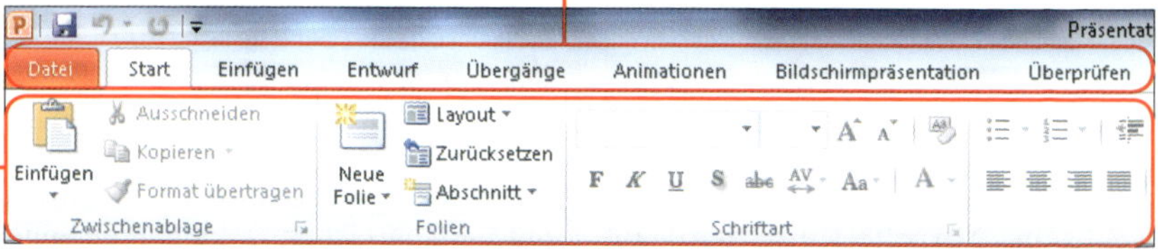

Die unter den Registerreitern befindlichen Symbole ändern sich, je nachdem, welchen Registerreiter Sie anklicken. Beim Start von PowerPoint ist hier zunächst die Registerkarte „Start“ aktiviert, die Ihnen alle Funktionen anbietet, die Sie zum Erstellen einer neuen Präsentation benötigen.

1 Entscheidend für die Bedienung des Menübands ist stets, welche Aktion Sie als Nächstes durchführen möchten. Um beispielsweise ein Bild in eine Präsentation aufzunehmen, klicken Sie auf den Registerreiter. Daraufhin zeigt das Menüband alle Symbole, die Sie brauchen, um Bildelemente in eine Präsentationsfolie einzufügen: .

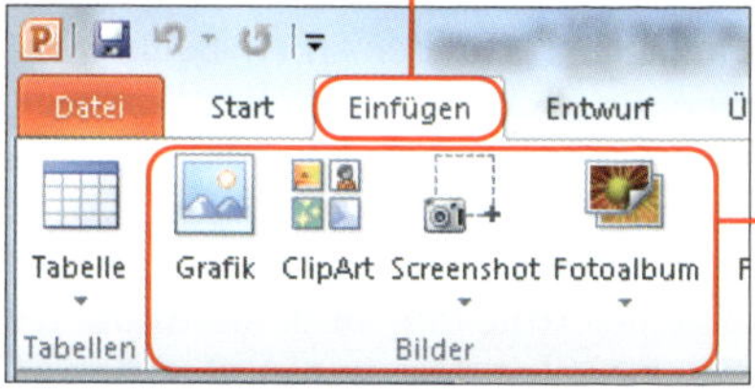

2 Die unterschiedlichen Registerkarten des Menübands bieten Ihnen den vollständigen Zugriff auf alle Funktionen, die Sie zum Erstellen einer Präsentation benötigen. Lediglich die wichtigsten Dateifunktionen, die Sie in jeder

Windows-Anwendung brauchen, suchen Sie hier vergeblich. Diese finden Sie in der linken oberen Bildschirmecke. Direkt sichtbar ist das Symbol, das Sie zum Speichern einer **Datei** anklicken: ●. Daneben finden Sie die Symbole, über die Sie den jeweils letzten Bearbeitungsschritt rückgängig machen ●

oder auch - rechts daneben -wiederholen ● können. Solange keine Befehle eingegeben wurden, die zurückgenommen oder wiederholt werden können, sind die Symbole grau ausgeblendet.

3 Weitere Datei- und Steuerungsfunktionen erreichen Sie, indem Sie auf die farbig hervorgehobene Datei-Schaltfläche ganz links oben klicken: ●

In der Liste, die sich nun öffnet, befinden sich die Funktionen, mit denen Sie per Mausklick die aktuelle Präsentation unter dem bestehenden oder einem neuen Namen speichern können: ●.

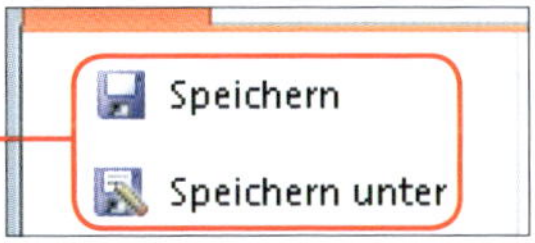

Ebenso können Sie hier eine vorhandene Datei öffnen ● und die aktuelle Datei schließen, ohne PowerPoint zu beenden: ●.

Ein Mausklick auf die Schaltfläche ● offenbart alle wesentlichen Details zur aktuell geladenen Präsentation. Weitere zentrale Schaltflächen erlauben es Ihnen, eine neue - leere - Datei zu öffnen ● sowie eine Datei zu drucken ●

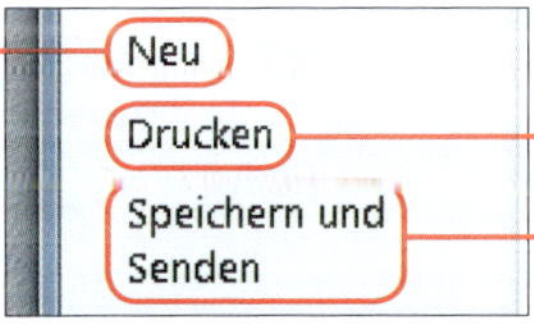

oder auch sicher weiterzugeben: ●. Mit diesen Grundkenntnissen finden Sie sich auf der Oberfläche von PowerPoint so weit zurecht, dass Sie nun eine erste Präsentation erstellen können.

Ihre erste PowerPoint-Präsentation

Wie eingangs erwähnt, ist Microsoft bestrebt, Ihnen die Erstellung neuer Dokumente so leicht wie möglich zu machen. Da bildet auch PowerPoint 2010 keine

Ausnahme. Vor dem Hintergrund, dass jede Präsentation aus sogenannten Folien besteht, beginnt selbst die komplexeste Präsentation mit einer ersten Folie. Und so legen Sie Ihre erste PowerPoint-Folie an:

1 Wenn Sie PowerPoint gerade gestartet haben, finden Sie auf der Arbeitsfläche eine leere Folienvorlage, in dem zwei Rechtecke markiert sind. Klicken Sie im oberen Rechteck auf die Zeile ●.

Daraufhin verschwindet der Text, und die **Einfügemarke** erscheint im Rechteck, sodass Sie selbst etwas eintippen können, beispielsweise ●.

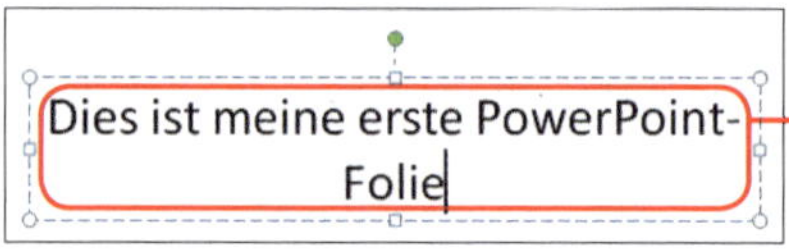

Als Nächstes klicken Sie in das Rechteck darunter und geben hier ebenfalls einen Text ein, etwa ●.

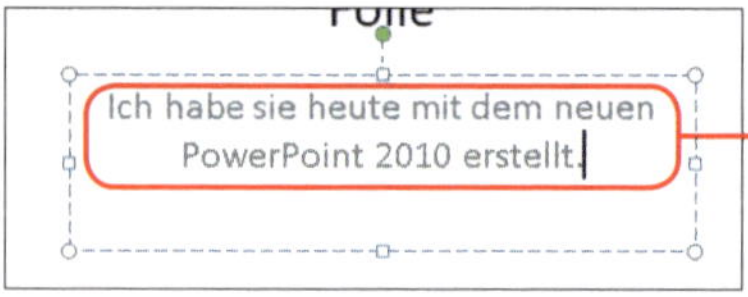

2 Damit ist Ihre erste PowerPoint-Folie auch schon fertig. Wenn Sie nun in der Folienübersicht in der linken Spalte nachsehen, werden Sie feststellen, dass die hier verkleinert abgebildete Folie bereits alle von Ihnen eingegebenen Texte enthält und schon einen ersten - vorläufigen - Namen hat: den Titel der ersten (und bislang einzigen Folie): ●.

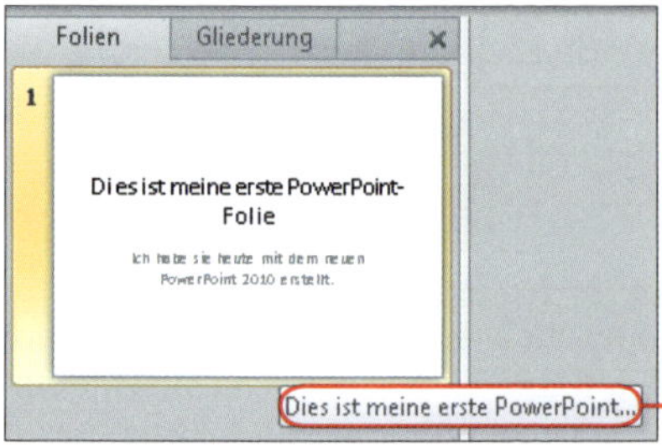

3 Auch wenn Sie unten in der Statusleiste auf die Schaltfläche ●

klicken, passiert genau das, was bei einer richtigen Präsentation passiert: Sie wird gestartet.

4 Sobald Sie nun einmal klicken oder auf die [ ] Ihrer Tastatur drücken, erfahren Sie, dass das Ende Ihrer Präsentation erreicht ist: ●.

Ein weiterer Mausklick oder ein weiteres Drücken der Leertaste bringt Sie wieder zur Folienansicht Ihrer Präsentation zurück.

5 Zwar haben Sie hier bereits eine kurze, technisch saubere Präsentation erstellt, doch dürfte Sie das Ergebnis noch nicht allzu sehr befriedigen. Optisch lässt sich da noch etwas nachbessern. Nichts leichter als das: Klicken Sie einfach auf den Registerreiter ●. Daraufhin erscheinen im Menüband verschiedene verkleinerte symbolische Folienansichten: ●.

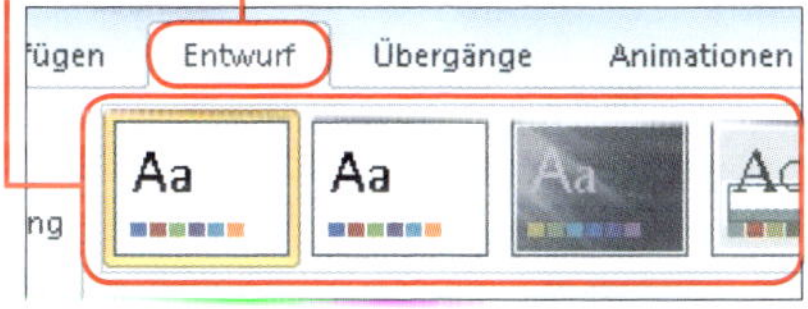

6 Wenn Sie den Mauszeiger über eines dieser Foliensymbole führen und dort ruhen lassen, werden Sie feststellen, dass sich das Aussehen Ihrer Präsentationsfolie nach einem kurzen Moment ändert und die Präsentation automatisch an das gerade ausgewählte **Foliendesign** angepasst wird, im Beispiel: ●.

Auf diese Weise können Sie Ihre Folie ohne einen einzigen Mausklick probeweise in verschiedenen Designs erscheinen lassen. Haben Sie ein Design gefunden, das Ihnen gefällt, bestätigen Sie Ihre Wahl per Klick auf das entsprechende Designsymbol, hier ●.

7 Wollen Sie Ihrer Präsentation nun noch eine weitere Folie hinzufügen? Kein Problem, auch das ist denkbar einfach: Sie brauchen dazu nur auf den Registerreiter ● und anschließend im dazugehörigen Menüband auf ● zu klicken.

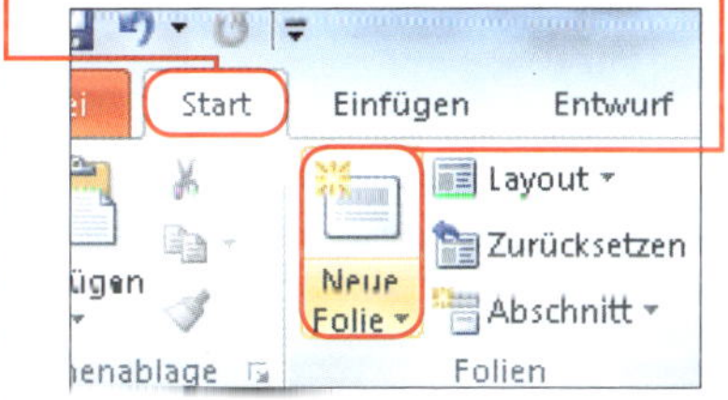

8 Sofort erscheint eine neue leere Präsentationsfolie auf der Arbeitsfläche, die Sie wieder ganz nach Wunsch mit Informationen füllen können, indem Sie die vorgegebenen Bereiche ●

anklicken und ausfüllen. Es versteht sich von selbst, dass auch diese Folie automatisch im soeben ausgewählten Design angezeigt wird.

Eine Präsentation schließen

Nun ist Ihr erster Rundgang durch das neue PowerPoint abgeschlossen, und es wird Zeit, Ihre Arbeit zu speichern und das Programm zu beenden.

1 Zum Speichern einer bislang ungesicherten Präsentation klicken Sie als Erstes links oben auf die Schaltfläche ● und dann nachfolgend im geöffneten Menü auf ●.

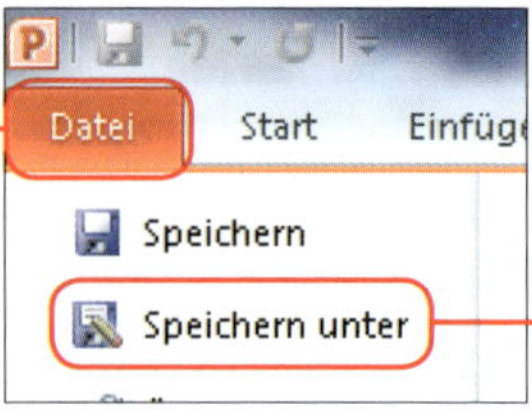

2 Im **Dialogfenster**, das daraufhin angezeigt wird, hat PowerPoint als Dateinamen bereits den Titel der ersten Folie vorgeschlagen, also im vorliegenden Fall: ●.

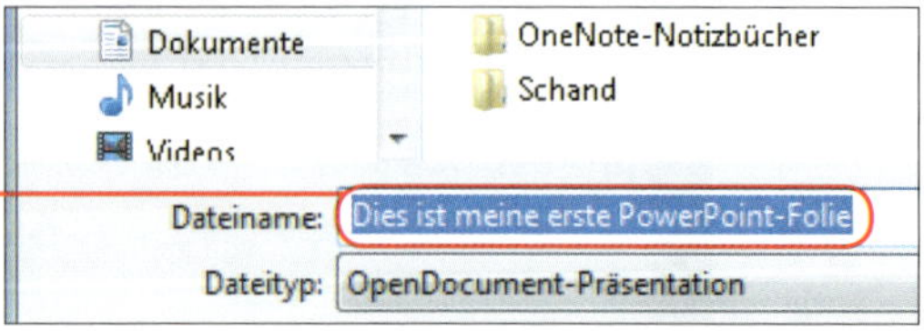

Hier können Sie Ihrer Präsentation durch einfaches Überschreiben einen neuen Namen geben, doch spricht grundsätzlich auch nichts dagegen, diesen Dateinamen zu akzeptieren und die Datei per Klick auf

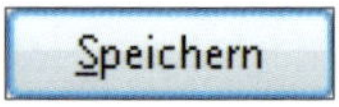

direkt zu sichern.

3 Nachdem die Präsentation gespeichert ist, können Sie PowerPoint beenden. Dazu klicken Sie einfach auf die Schaltfläche ganz rechts oben im PowerPoint-Programmfenster: ●.

4 Falls Sie nur die aktuell geöffnete Präsentation schließen, nicht aber das PowerPoint-Programm beenden möchten, klicken Sie stattdessen auf ●

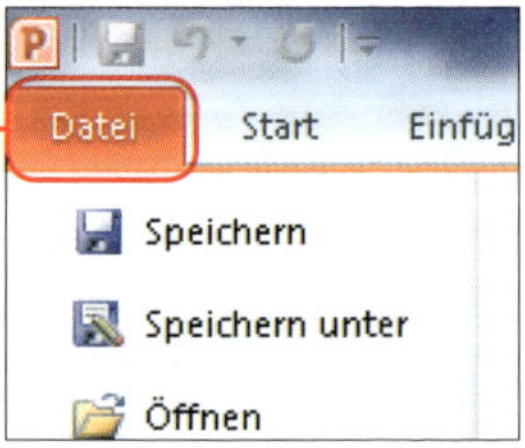

und im aufklappenden Menü unten auf

.

Präsentation speichern und öffnen

Ihre gespeicherten Präsentationen können Sie jederzeit weiterbearbeiten.

1 Um eine Präsentation wieder zu öffnen, klicken Sie auf den Registerreiter

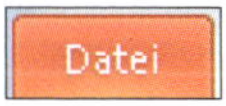

und danach auf

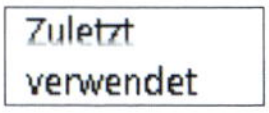

.

Die zuletzt bearbeiteten Präsentationen werden daraufhin aufgelistet und lassen sich per Klick auf den Dateinamen ● öffnen.

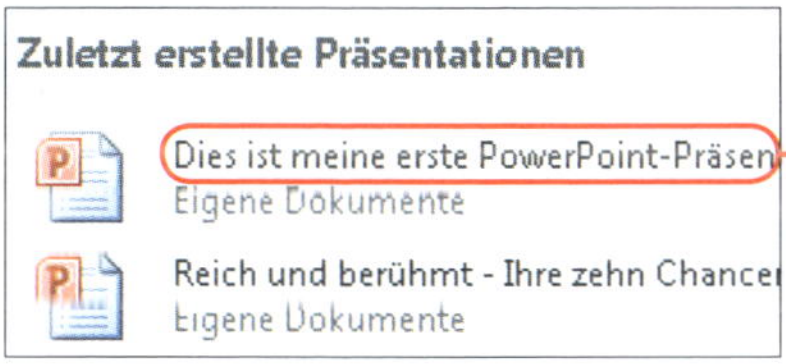

2 Sollte sich die gesuchte Präsentation nicht darunter befinden, klicken Sie im Datei-Register auf

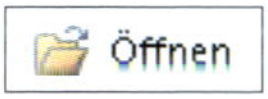

,

begeben sich dann zum Speicherordner der Präsentation, beispielsweise ●, markieren die Datei per Mausklick ●

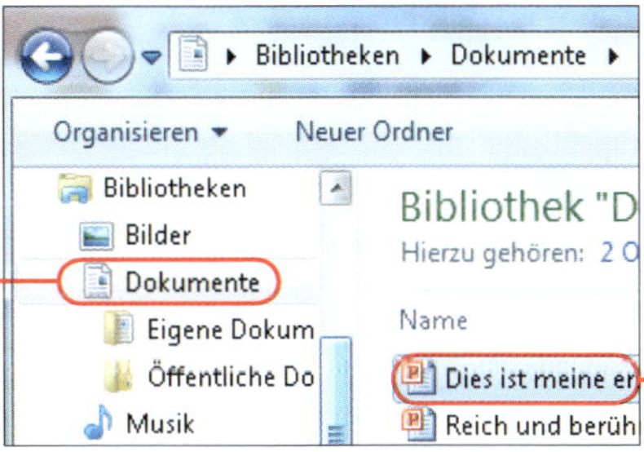

und klicken dann auf ●

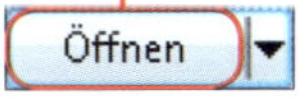

.

Schon wird die Präsentation im Programmfenster von PowerPoint geladen.

3 Wenn Sie eine Präsentation öffnen, die von jemand anderem erstellt wurde, können Sie die Präsentation zwar betrachten, nicht aber bearbeiten. Oberhalb der Präsentation erscheint daher die Meldung: ●.

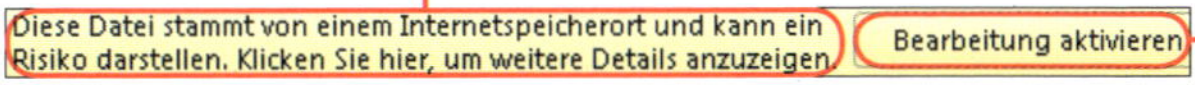

Um Änderungen in der Präsentation vorzunehmen, klicken Sie dann auf ●.

2 Mit Präsentationsvorlagen schnell fertig

Nachdem Sie nun die **Benutzeroberfläche** von PowerPoint 2010 kennengelernt und auch schon gesehen haben, wie rasch sich damit eine ganz einfache **Präsentation** erstellen lässt, können Sie sich größere Zielen setzen - und eine erste umfangreichere Präsentation in Angriff nehmen.

Auch hier ermöglicht es Ihnen PowerPoint, in kürzester Zeit zu vorzeigbaren Ergebnissen zu gelangen. Grundsätzlich gibt es zwei Wege, um schnell zu einer komplexen Präsentation zu gelangen: Entweder Sie nutzen fertige Vorlagen, oder Sie verwenden den Gliederungsmodus als Hilfsgerüst. In diesem Kapitel geht es zunächst um fertige Vorlagen, die bereits zum Lieferumfang des Programms gehören, die zusätzlich aber auch aus dem **Internet** geladen werden können. In beiden Fällen bietet Ihnen Microsoft eine beachtliche Auswahl unterschiedlicher Beispielpräsentationen, die Sie mit wenigen Schritten an Ihre persönlichen Bedürfnisse anpassen können.

Im zweiten Kapitel dieses Buches erfahren Sie,

- wie Sie vorgefertigte Musterpräsentationen auswählen,
- wie Sie Vorlagen aus dem Internet laden können,
- wie Sie vorgegebene Texte der Vorlage verändern,
- wie Sie eine Grafik als Logo in die Vorlage einfügen
- und wie Sie ein Logo auf die gewünschte Größe bringen.

Kapitel-Wegweiser

PowerPoint-Präsentationsvorlagen aufrufen

Nicht wenigen fällt es schwer, bei einer Präsentation einen Anfang zu finden. Hier hilft es erfahrungsgemäß, wenn man auf bewährte Vorlagen zurückgreifen kann. Selbstverständlich bedeutet das nicht, eine fremde Präsentation 1:1 unverändert zu übernehmen. Vielmehr bieten fertige Präsentationen ein Gerüst, in das Sie Ihre eigenen Ansichten und Gedanken einpassen können. Auf diese Weise ist es möglich, sich auf die eigentlichen Inhalte einer Präsentation zu konzentrieren, ohne sich den Kopf über die äußere Form zerbrechen zu müssen.

Dazu bietet Microsoft eine Reihe fertiger Vorlagen an. Einige dieser Vorlagen wurden schon bei der Einrichtung von PowerPoint auf Ihrem Rechner gespeichert. Diese richten sich in erster Linie an Privatanwender und ermöglichen es Ihnen, zum Beispiel digitale Fotoalben anzulegen oder PowerPoint für ein Quiz zu nutzen.

! Präsentationsvorlagen aus dem Internet

Wenn Ihr Computer einen Internetanschluss hat, können Sie auch auf Vorlagen zugreifen, die Microsoft Ihnen **online** zur Verfügung stellt. Die dortige reiche Auswahl richtet sich besonders an professionelle Anwender und deckt eine Vielzahl von Situationen, vor allem im geschäftlichen Alltag, ab. Dieser Internet-Service für PowerPoint-Vorlagen ist ein fester Bestandteil des Auswahlfensters für neue Präsentationen und muss nicht eigens aufgerufen oder eingebunden werden.

1 Um eine neue Präsentation zu erstellen, die auf einer Vorlage basiert, klicken Sie nach dem Start von PowerPoint auf die Schaltfläche ● und anschließend in der geöffneten Auswahl auf ●.

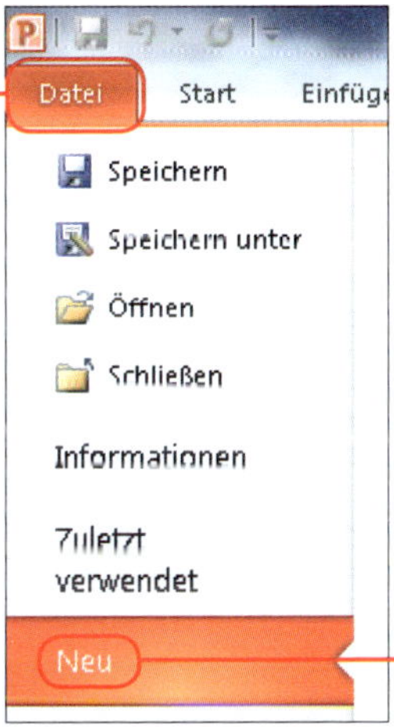

2 Daraufhin erscheinen auf der PowerPoint-Arbeitsfläche in der Mitte des Bildschirms mehrere Kategorien, unter denen Sie fertige Vorlagen finden. Diese sind in zwei Bereiche unterteilt: Während im unteren Bereich der Zugriff auf Internetvorlagen möglich ist (siehe nächsten Abschnitt), sehen Sie im oberen Bereich die „verfügbaren Vorlagen und Designs“ – also diejenigen, die bereits auf Ihrem PC gespeichert sind: .

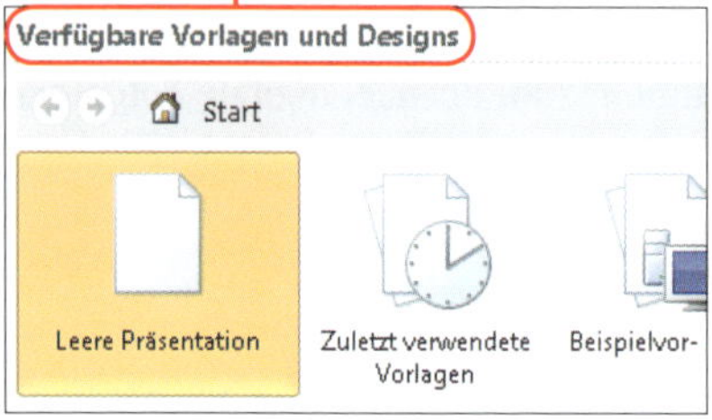

3 Wenn Sie PowerPoint erst vor Kurzem installiert haben, dürften Sie hier nur in den Kategorien „Beispielvorlagen" und „Designs" fündig werden. Klicken Sie nun auf ,

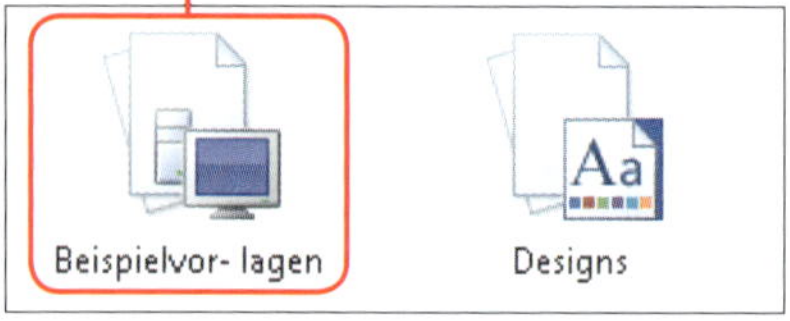

werden auf der Arbeitsfläche kleine Symbole für die bereits installierten Vorlagen dargestellt.

4 Um sich einen besseren Eindruck von einer der Präsentationen zu verschaffen, klicken Sie einfach auf das entsprechende **Symbol**, beispielsweise .

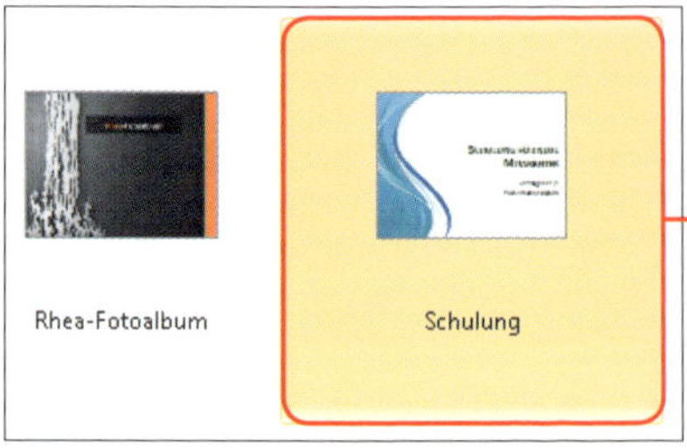

Anschließend wird Ihnen im rechten Fensterbereich eine größere Vorschau angezeigt.

5 Sofern Ihnen die angezeigte Vorlage zusagt, können Sie mit einem Mausklick auf die unter der Vorschau befindliche Schaltfläche

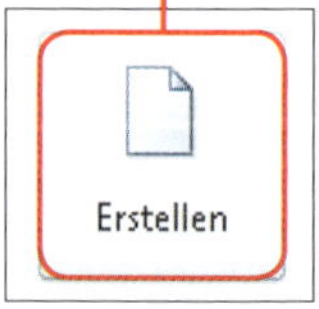

unmittelbar eine Präsentation auf dieser Basis öffnen.

6 Daraufhin wechselt PowerPoint automatisch in den Arbeitsmodus unter dem Registerreiter „Start“: Auf der Arbeitsfläche sehen Sie bereits die erste **Folie** der Musterpräsentation, hier ●, und in der linken Navigationsspalte ● können Sie sich überzeugen, dass die Vorlage bereits über eine stattliche Anzahl von Folien verfügt, die Sie nun bearbeiten können.

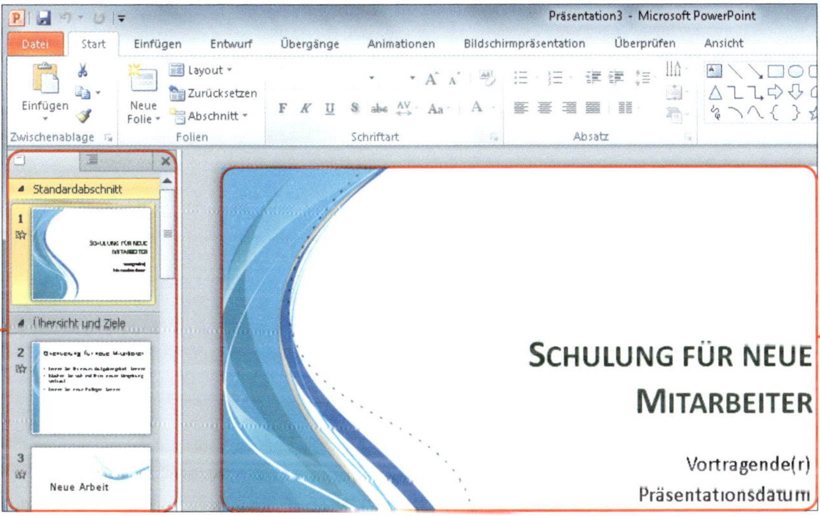

Eine Vorlage aus dem Internet laden

Falls Ihnen in der Kategorie „Beispielvorlagen“, die Sie in den Schritten 1 bis 3 des vorigen Abschnitts aufgerufen haben, die Auswahl der mitgelieferten Musterpräsentationen zu klein ist und Sie einfach nicht das gewünschte finden, können Sie ebenso leicht weitere Vorlagen aus dem Internet herunterladen.

1 Dazu müssen Sie zunächst die Ansicht „Verfügbare Vorlagen und Designs“ verlassen, indem Sie auf die Pfeilschaltfläche ●

klicken. Daraufhin befinden Sie sich wieder auf der vorigen Seite, die den Überblick über alle Kategorien bietet.

Eine Vorlage aus dem Internet laden

Die Vorlagen, die Microsoft im Internet bereithält, finden Sie im unteren Bereich unter der Überschrift .

2 Wie Sie sehen werden, ist die Auswahl hier erheblich größer als bei den mitgelieferten Vorlagen. Um dennoch einen gewissen Überblick zu gewährleisten, gibt es zu jeder der hier angebotenen Kategorien weitere Unterkategorien. Fertige Präsentationen finden Sie unter der Kategorie „Präsentationen“. Wenn Sie auf das gleichnamige Symbol

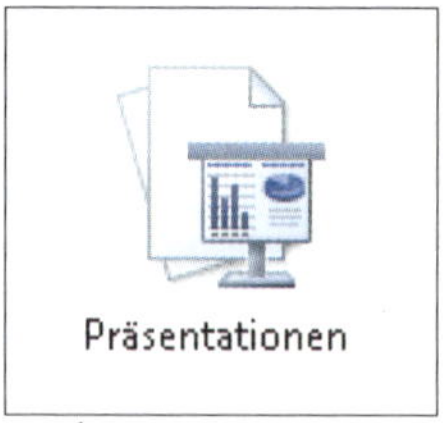

klicken, stellt PowerPoint online eine Verbindung zur Internetseite von Microsoft her und zeigt verschiedene **Ordner**, in denen sich die verfügbaren Vorlagen befinden: .

Voraussetzung hierfür ist selbstverständlich, dass Sie gerade mit dem Internet verbunden sind.

3 Um die Inhalte eines Ordners anzuzeigen, klicken Sie ihn doppelt an, beispielsweise .

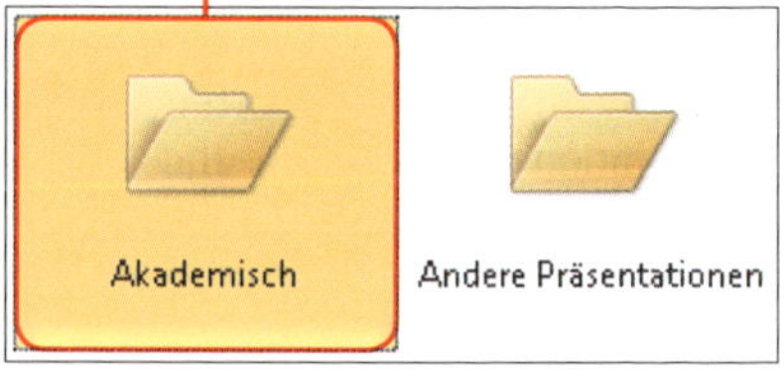

Auch hier tauchen wieder die vorhandenen Beispielpräsentationen auf. Markieren Sie eines der Symbole mit einem Mausklick, etwa ●. Anschließend werden im rechten Bildschirmbereich vergrößerte Bilder sowie einige Informationen über den Ursprung der jeweiligen Vorlage angezeigt, hier ●.

4 Wenn Sie eine passende Vorlage gefunden haben, klicken Sie einfach auf die Schaltfläche ●.

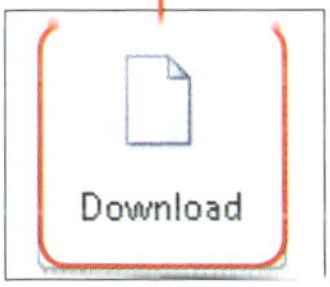

Nun wechselt PowerPoint in den Arbeitsmodus und bietet Ihnen die soeben heruntergeladene Vorlage zur weiteren Bearbeitung an.

Eine Vorlage wunschgemäß anpassen

Nachdem die Vorlage geladen ist, sollten Sie sich diese erst einmal ganz in Ruhe ansehen.

1 Für einen ersten Eindruck schalten Sie zunächst den Darstellungsmodus auf **Foliensortierung** um, indem Sie in

der **Statusleiste** auf

klicken. Daraufhin sehen im **Arbeitsbereich** die verschiedenen Einzelfolien, aus denen die Vorlage besteht: .

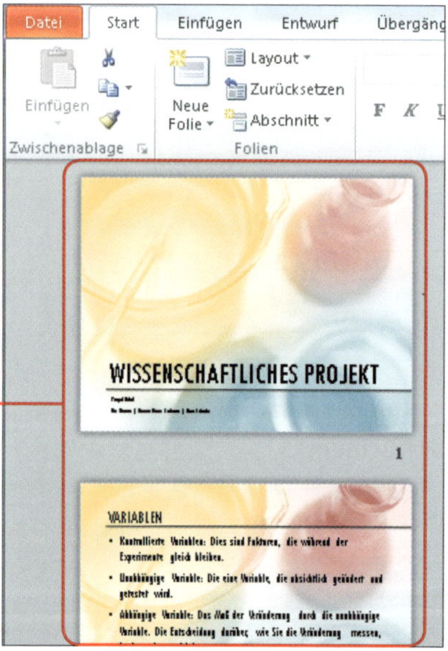

2 Nachdem Sie sich auf diese Weise einen Überblick verschafft haben, schalten Sie mit einem Mausklick auf

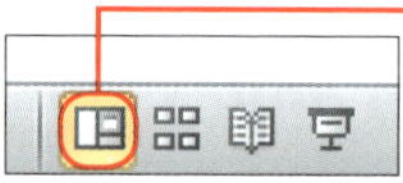

wieder zurück zur Normaldarstellung. Jetzt können Sie sich die Folien nacheinander ansehen, indem Sie am rechten Bildschirmrand die **Bildlaufleiste**

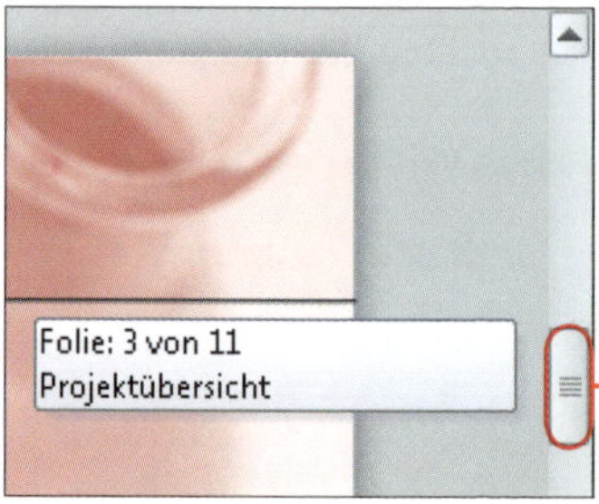

anklicken und mit gedrückter Maustaste nach unten oder oben ziehen und so durch die Präsentation navigieren.

3 Um aus der eher unpersönlichen Vorlage von Microsoft eine individuelle Präsentation zu machen, beginnen Sie zunächst mit der Startseite der Präsentation. Springen Sie in der aktiven Normalansicht mit einem Tastendruck auf die Pos1-Taste zur ersten Folie der Präsentation. Hier sehen Sie außer den grafischen Elementen zwei Platzhalter, die Sie individuell anpassen können: die Überschrift sowie nähere Angaben zum dargestellten Projekt .

4 Gut möglich, dass Ihnen die Vorgabe „Wissenschaftliches Projekt" etwas zu allgemein erscheint. In diesem Fall klicken Sie einfach auf die Überschrift, halten die Maustaste gedrückt und markieren den vorgegebenen Text, indem

Sie mit weiterhin gedrückter Maustaste darüber streichen.

Nun können Sie Ihre eigene Überschrift, im Beispiel,

ganz einfach über die Tastatur eintippen.

5 Als Nächstes widmen Sie sich dem zweiten Platzhalter mit den näheren Angaben zum Projekt. Hier ist es noch einfacher, eigene Inhalte einzufügen, denn niemand erwartet, dass Ihr Projekt ausgerechnet auf den Namen „Projekttitel" hört: Ein **Doppelklick** auf diesen Platzhalter

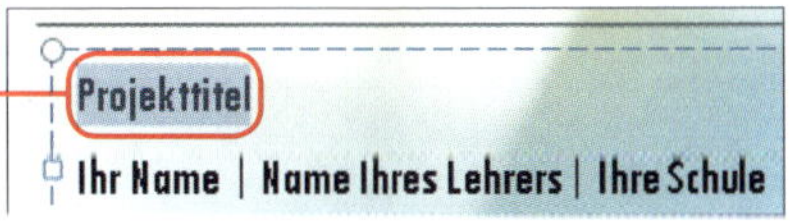

reicht aus, um ihn zu markieren. Auch hier geben Sie wieder den Text ein, den Sie benötigen, im Beispiel.

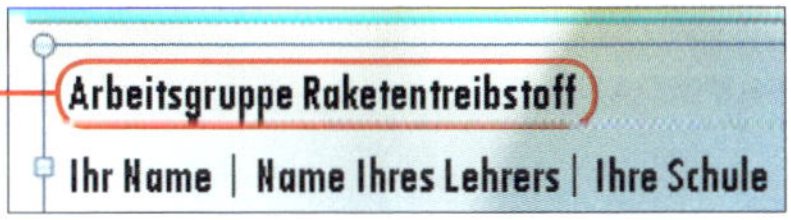

Entsprechend verfahren Sie mit den anderen Textvorgaben.

Platzhalter entfernen

Vorlagen bringen verschiedene Elemente mit, die Sie mit eigenen Inhalten füllen können. Aber Können heißt nicht Müssen! Alle Platzhalter und variablen Elemente sind in der Regel nur Vorschläge. Wenn Sie etwas nicht brauchen können: weg damit! Das funktioniert bei Logos ebenso wie bei allen anderen Platzhaltern, die Sie nicht benötigen. Markieren Sie in der Vorlage einfach den Platzhalter mit einem Klick auf seinen **Rahmen**,

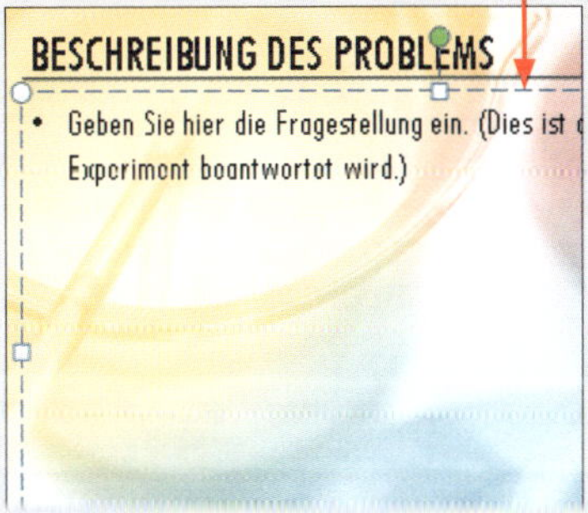

und drücken Sie dann die [Entf]-Taste – schon ist der Platzhalter verschwunden.

6 Vielleicht wollen Sie der Startfolie Ihrer Projekt-Präsentation noch eine persönliche Note geben, indem Sie ein Foto des Teams oder ein anderes individuelles grafisches Element einfügen? Nichts leichter als das: Klicken Sie einfach im **Menüband** auf den Registerreiter ● und danach auf die Schaltfläche ●.

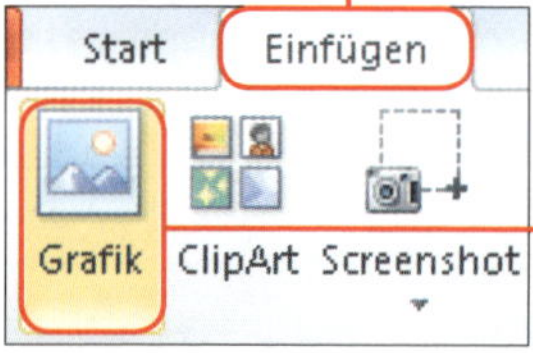

7 Daraufhin öffnet PowerPoint ein Explorer-Fenster, in dem Sie den Inhalt Ihrer Festplatte wie gewohnt nach der gewünschten Grafik absuchen können. Öffnen Sie den **Ordner**, der das Bild enthält, im Beispiel ●,

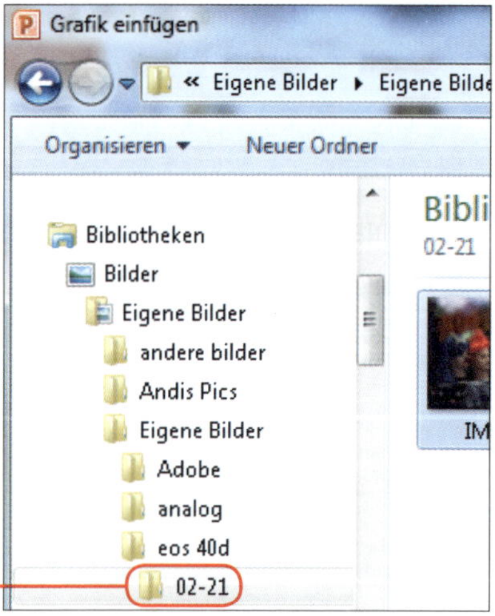

mit einem Mausklick, und klicken Sie die **Datei** mit dem gespeicherten Bild an, sodass sie markiert ist, hier ●.

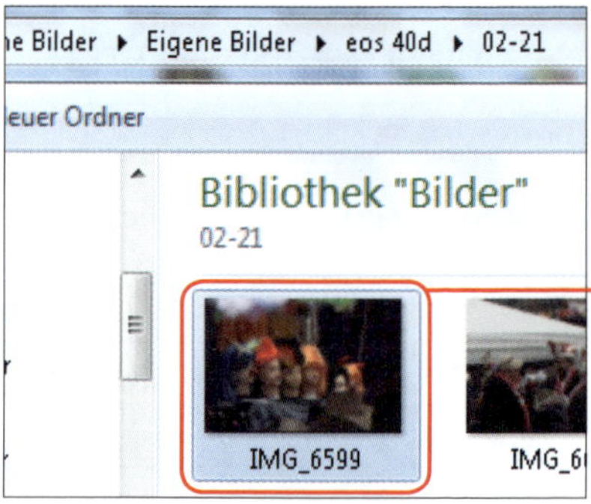

Nach einem Mausklick auf ●

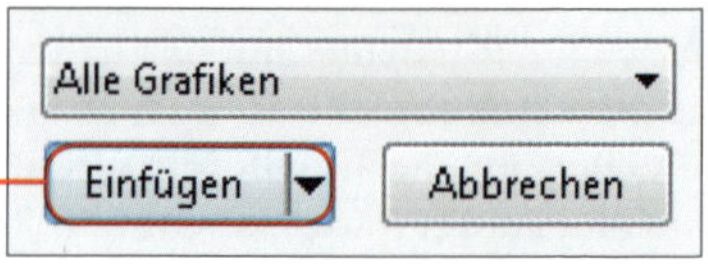

übernimmt PowerPoint die Grafikdatei in die Präsentation und legt das Bild zunächst mitten auf der Arbeitsfläche ab.

8 Wie Sie sehen, ist das im Beispiel ausgewählte Bild etwas zu groß für die Präsentationsfolie und sollte zudem auf das „Team“ des Projekts begrenzt werden. Damit Sie den Bildausschnitt festlegen können, bietet Ihnen PowerPoint einen zusätzlichen Registerreiter, der oberhalb des Menübands bereitsteht: ●.

Hier finden Sie alle Werkzeuge, die Sie benötigen, um in PowerPoint eine Grafik zu bearbeiten. Im konkreten Fall klicken Sie am rechten Rand des Menübands auf ●.

9 Unmittelbar danach erscheinen an den Seitenrändern und den Ecken der eingefügten Grafik neue Symbole: kleine schwarze Balken ● beziehungsweise Winkel ●.

Klicken Sie diese Balken und Winkel nun jeweils an, halten Sie die Maustaste gedrückt, und verschieben Sie die Bildränder mit weiterhin gedrückter Maustaste so, dass nur noch die wichtigen Teile des Bildes übrigbleiben.

Sind Sie mit dem Ergebnis zufrieden, klicken Sie abermals auf ●,

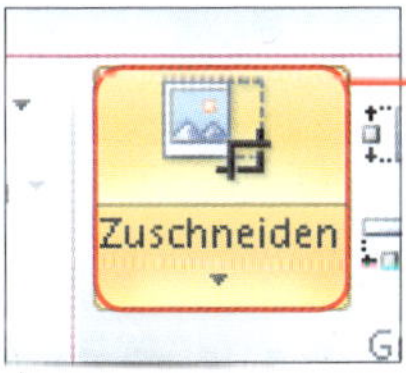

und alle überflüssigen Bildteile verschwinden aus Ihrer Folie.

10 Obwohl der Ausschnitt jetzt stimmt, ist das Bild immer noch zu groß. Um die Bildgröße zu verändern, stellt PowerPoint Ihnen zwei verschiedene Werkzeuge für die bereits markierte Grafik zur Verfügung: An den Kanten der Grafik sehen Sie kleine Kreise ●,

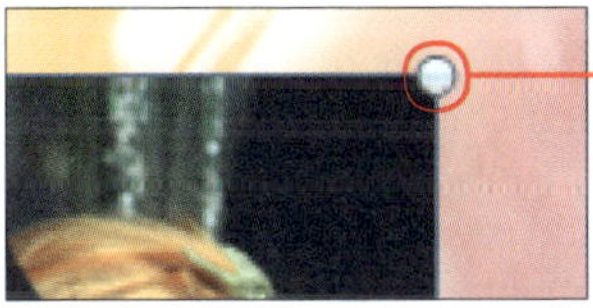

an den Rändern kleine Quadrate.

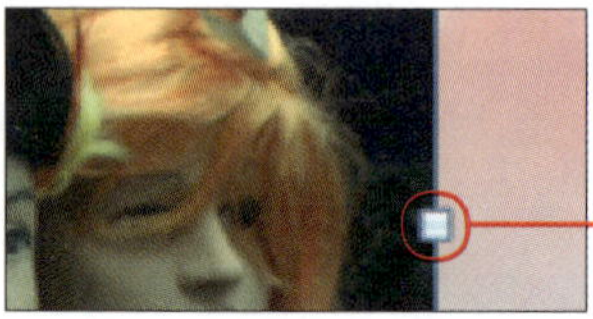

Wenn Sie auf einen der Kreise an den Ecken der Grafik klicken und die Maustaste gedrückt halten, können Sie die Bildgröße durch **Ziehen** mit weiterhin gedrückter Maustaste wunschgemäß anpassen.

Dabei bleiben die Seitenverhältnisse erhalten. Übrigens: Um die Größe eines Bildes später zu ändern, brauchen Sie die Grafik lediglich mit einem Mausklick in ihrer Mitte zu markieren. Dann erscheinen der Rahmen mit den Anfassern und auch das entsprechende Bildtools-Menü für die Formatierung.

11 Ändern Sie die Bildgröße dagegen nicht mit den Kreisen, sondern mit den Quadraten am Bildrand, wird nur die Höhe beziehungsweise die Breite des Bildes geändert: Die jeweils andere Dimension wird entsprechend gestaucht, was zu unerwünschten Verzerrungen führen kann.

12 Noch einfacher ist es, die eingefügte Grafik an den richtigen Platz zu bringen: Dazu klicken Sie in die Mitte der Grafik,

halten die Maustaste gedrückt und schieben das Bild mit weiterhin gedrückter Maustaste an die gewünschte Stelle.

13 Falls Sie nun der Ansicht sein sollten, dass Ihre Grafik ein wenig langweilig wirkt, weil sie fein säuberlich im rechten Winkel ausgerichtet ist, lässt sich auch das ändern. Dabei hilft Ihnen der grüne Punkt, der sich oberhalb Ihres Bildes befindet. Stellen Sie den Mauszeiger auf diesen Punkt, verändert er abermals seine Form und verwandelt sich diesmal in einen gebogenen Pfeil ●.

Damit wird Ihnen signalisiert, dass Sie die Grafik nun um ihre Mittelachse drehen können. Klicken Sie, halten Sie die Maustaste gedrückt, und führen Sie die Maus so lange im Kreis, bis die Ausrichtung der Grafik Ihren Vorstellungen entspricht.

14 Nun haben Sie die Startfolie der Microsoft-Vorlage nicht nur vollständig auf Ihre Bedürfnisse zugeschnitten. Sie haben auch alles gelernt, was Sie wissen müssen, um den Rest der Präsentation entsprechend zu verändern. Angenommen, Sie wollen beispielsweise die fünfte Folie der Vorlage („Hypothese") nutzen, um spezifischere Ziele darzulegen: Gehen Sie genauso vor wie beim Anpassen der Überschrift auf der Startseite. Markieren Sie also den jeweiligen Textabschnitt mit gedrückter Maustaste, und geben Sie den gewünschten Text ein, im Beispiel ●.

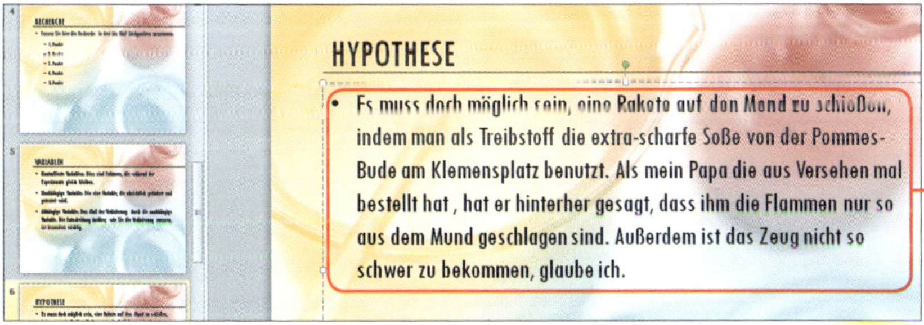

15 Wenn Sie mit der Bearbeitung der Präsentation fertig sind, speichern Sie sie am besten unter einem neuen Namen, wie es Ihnen im ersten Kapitel auf Seite 14 gezeigt wurde. Die Vorlage selbst bleibt von den Änderungen selbstverständlich unberührt.

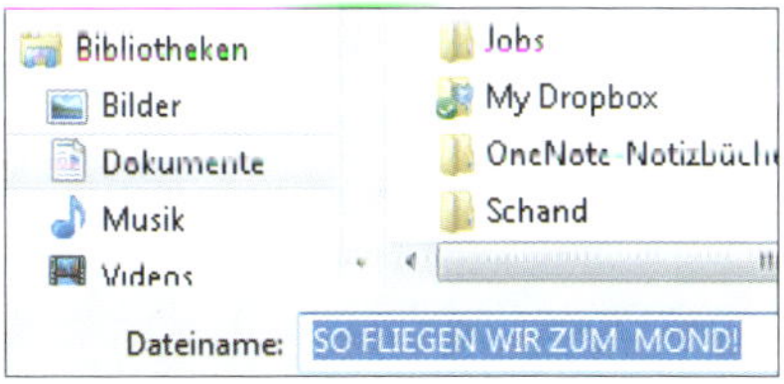

3 Präsentationen nach Maß: Der Gliederungsmodus

Wie Sie im vorigen Kapitel gesehen haben, ist es ein Leichtes, auf der Grundlage vorgefertigter Muster-**Präsentationen** zu vorzeigbaren Ergebnissen zu gelangen. Denn für die meisten Standardsituationen (wie etwa bei Projektberichten, Team-Präsentationen, Mitarbeiterschulungen usw.) bietet Microsoft eine reiche Zahl von PowerPoint-Vorlagen an. Was aber, wenn Sie vom Standard abweichen? Wenn es darum geht, eine neue Idee, einen unorthodoxen Plan vorzustellen, der in keine vorgefertigte Schablone passen will? Was, wenn Sie keine passende Vorlage finden?

Auch hier lässt PowerPoint 2010 Sie nicht im Stich – indem es Ihnen den sogenannten Gliederungsmodus anbietet. Wie immer, wenn man eine neue Idee hat, geht es zunächst darum, diese so schnell wie möglich aufzuschreiben und dann in die passende Form zu bringen. Genau hier setzt der Gliederungsmodus von PowerPoint 2010 an: Er erlaubt es Ihnen, eine Idee erst einmal in großen Zügen niederzuschreiben und sie dann Schritt für Schritt auszuarbeiten.

Im dritten Kapitel dieses Buches erfahren Sie,
- wie Sie den Gliederungsmodus starten,
- wie Sie eine erste Reihe von Präsentationsfolien anlegen,
- wie Sie die Reihenfolge der **Folien** verändern,
- wie Sie neue Gliederungsebenen einbauen
- und wie Sie Gliederungsebenen ein- und ausblenden.

Kapitel-Wegweiser

Ideen entwickeln im Gliederungsmodus

Wer Ideen entwickelt, sollte strukturiert vorgehen. Vor allem bei Präsentationen, mit denen später andere begeistert werden sollen, erweist sich eine klare Struktur als hilfreich. Für die Umsetzung dieser Strategie bietet PowerPoint einen eigenen Gliederungsmodus, mit dem Sie die Präsentation eines Projekts sozusagen vom Nullpunkt aus logisch und schrittweise aufbauen können.

1 Wenn Sie PowerPoint 2010 starten, erscheint stets eine leere Folie in der Einzelfoliendarstellung auf dem Monitor Ihres PCs. Auf der linken Seite des Fensters befindet sich ein Navigationsbereich, in dem Sie anfangs die verkleinerte Darstellung eben dieser leeren Folie sehen - schließlich ist die Präsentation noch leer. Wie Sie sehen, ist von den zwei **Registerreitern** der linke, der den Folienüberblick ermöglicht, aktiv:.

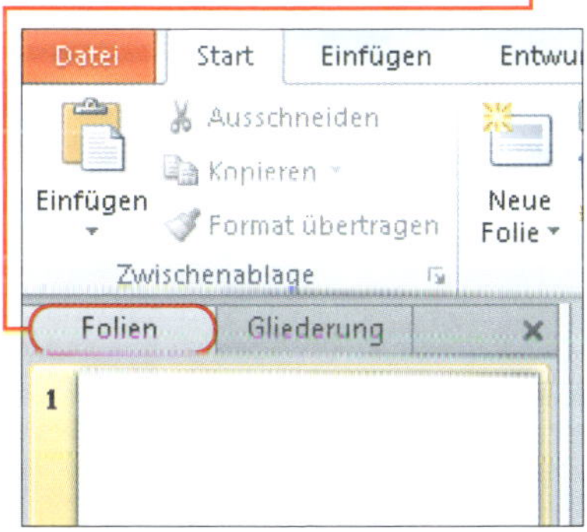

Um nun in den Gliederungsmodus zu wechseln, klicken Sie einfach auf den rechten Registerreiter „Gliederung“.

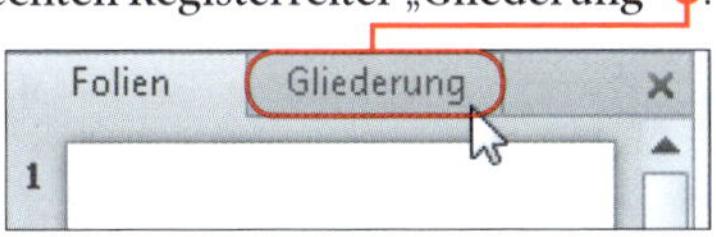

2 Sobald die Navigationsspalte in diesen Modus wechselt, können Sie die Ideen zu Ihrer Präsentation direkt in dieser Spalte neben dem Foliensymbol an der Position der **Einfügemarke**

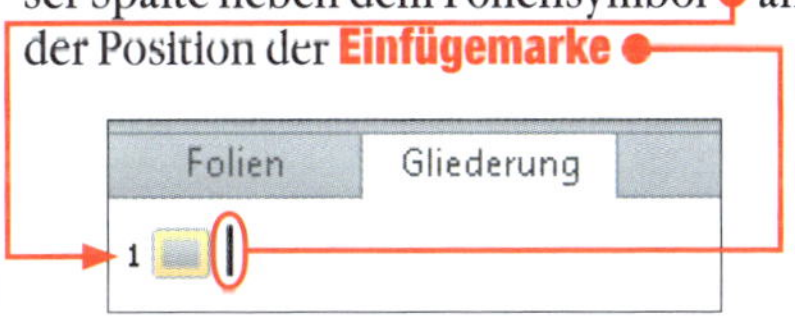

eintippen. Lassen Sie hierbei Ihren Gedanken ruhig freien Lauf. Wie Sie den Gliederungsmodus effektiv nutzen, erfahren Sie in der nächsten Anleitung. Eins vorweg: Bei längeren Einträgen wird PowerPoint die Navigationsspalte automatisch verbreitern, um genügend Platz für Ihre Textzeilen zu schaffen.

Sollte Ihnen die Spalte allerdings immer noch zu schmal erscheinen, lässt sich das leicht ändern: Positionieren Sie den Mauszeiger auf der Linie, die den Navigationsbereich von der Arbeitsfläche trennt. Dabei ändert sich die Form des Mauszeigers:.

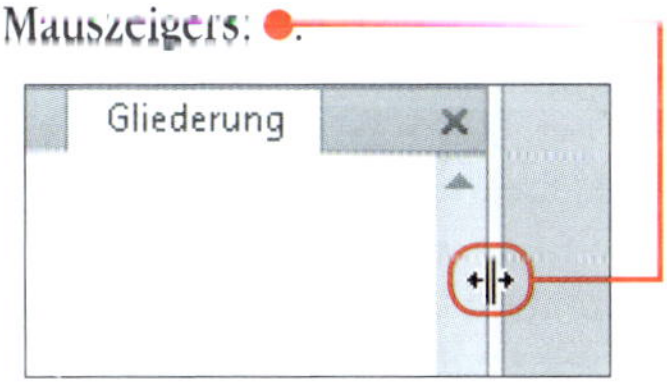

Navigationsspalte als Schreibfläche

Wenn Sie die Navigationsspalte im Gliederungsmodus nutzen wollen, um einen Entwurf „zu Papier“ zu bringen, können Sie den linken Bereich ruhig gehörig vergrößern: **Ziehen** Sie die Begrenzungslinie ● einfach, wie in Schritt 2 auf der vorherigen und dieser Seite beschrieben, großzügig mit gedrückter Maustaste nach rechts. Die PowerPoint-Arbeitsfläche ● wird dadurch zwar entsprechend kleiner, aber die brauchen Sie ja erst wieder, wenn Sie beginnen, Folien zu bearbeiten. Und dann lässt sich die Begrenzung zwischen den beiden Bildschirmbereichen ebenso einfach mit der Maus wieder zurücksetzen.

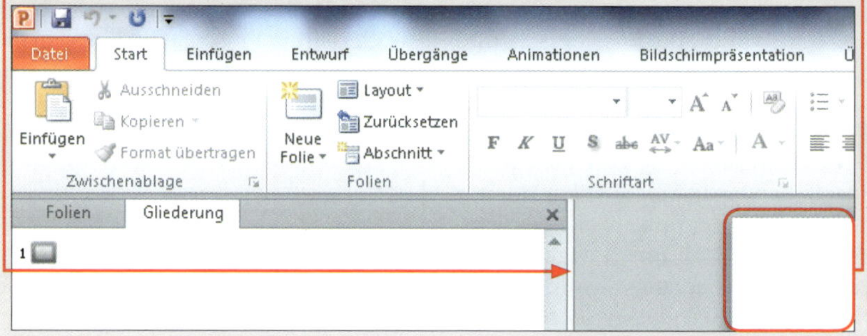

Klicken Sie nun, halten Sie die Maustaste gedrückt, und ziehen Sie die Trennlinie mit weiterhin gedrückter Maustaste so weit nach rechts, bis Sie genügend Platz haben, um links Ihre Ideen aufschreiben zu können. Dann lassen Sie die Taste wieder los.

Im Gliederungsmodus neue Folien erstellen

Der Vorteil der Arbeit im Gliederungsmodus besteht darin, dass es Ihnen schnell und einfach möglich ist, eine Präsentation in groben Zügen niederzuschreiben und zu strukturieren. Schönheit ist hier erst einmal nicht gefragt, denn um die Gestaltung kümmern Sie sich später.

1 Im Gliederungsfenster befindet sich an oberster Stelle ein kleines **Symbol**, das eine Präsentationsfolie darstellen soll: ●.

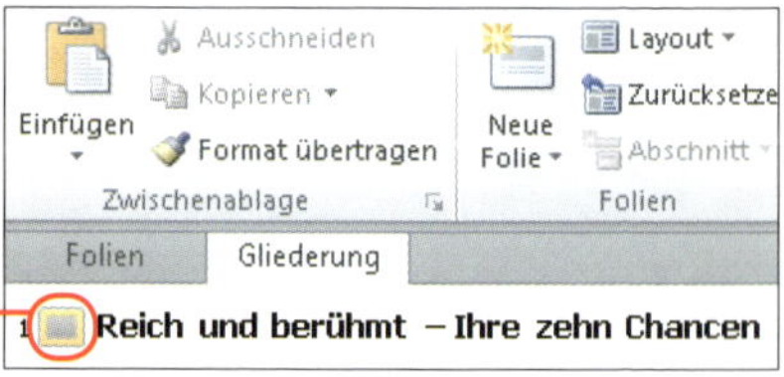

Wenn Sie rechts neben dieses Symbol

Im Gliederungsmodus neue Folien erstellen

klicken, erscheint dort eine Einfügemarke, wie Sie sie bestimmt schon von Word oder einer anderen Textverarbeitung her kennen. Sie können also einfach den Titel Ihrer neuen Präsentation eintippen, im Beispiel ●.

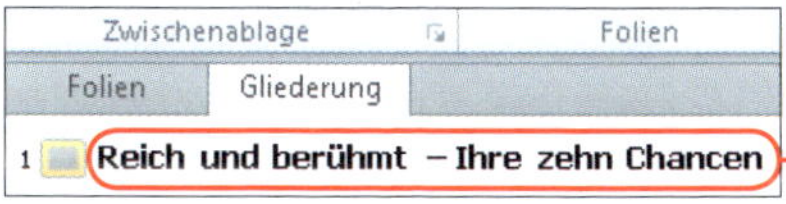

Noch während Sie tippen, sehen Sie, dass auf der Arbeitsfläche rechts daneben Ihre Überschrift auf der ersten Folie der neuen Präsentation erscheint: ●.

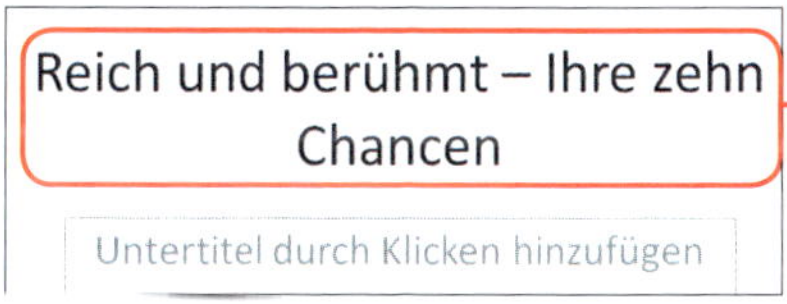

2 Um die zweite Folie in Ihre Präsentation einzufügen, drücken Sie nach der Eingabe der Überschrift einfach die ↵-Taste. Daraufhin erscheint links im der Gliederungsbereich ein neues Foliensymbol ●, und rechts daneben steht direkt die Einfügemarke ●.

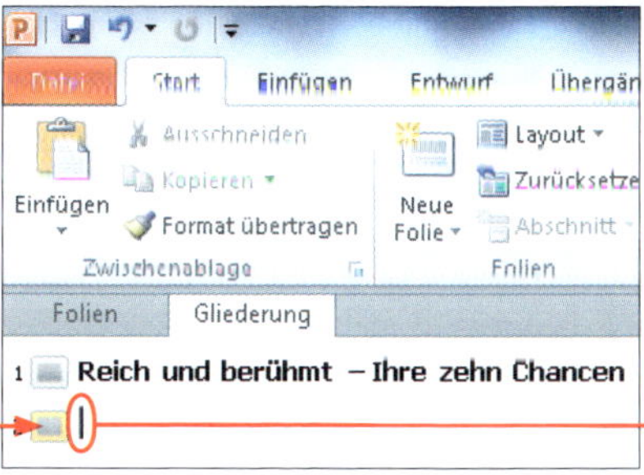

3 Hier tippen Sie nun die wichtigsten Ideen Ihrer Präsentation der Reihe nach ein. Am Ende einer jeden Aussage wechseln Sie mit der ↵-Taste in die nächste Zeile und legen damit stets eine neue Folie an. Rasch haben Sie auf diese Weise alle Gedanken als Einzelfolien vorliegen, im Beispiel: ●.

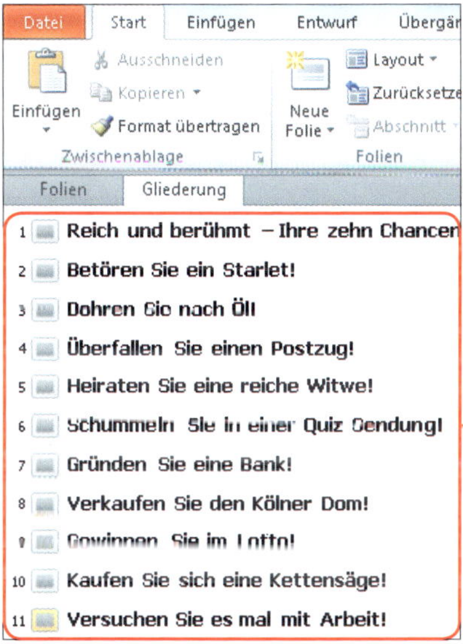

4 Wenn Sie nun am oberen Rand der Gliederungsspalte per Klick auf den Registerreiter ●

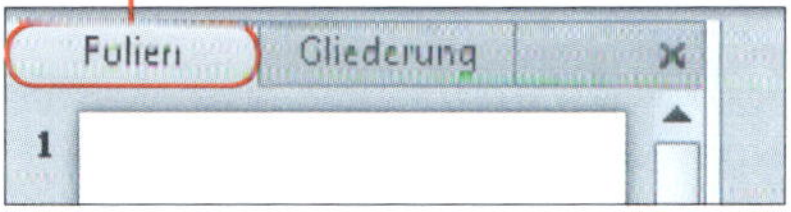

in den Folienmodus wechseln, sehen Sie, dass zu jeder der von Ihnen eingegebenen Überschriften eine Folie angelegt wurde, die bereits den richtigen, von Ihnen zuvor eingegebenen Titel trägt: .

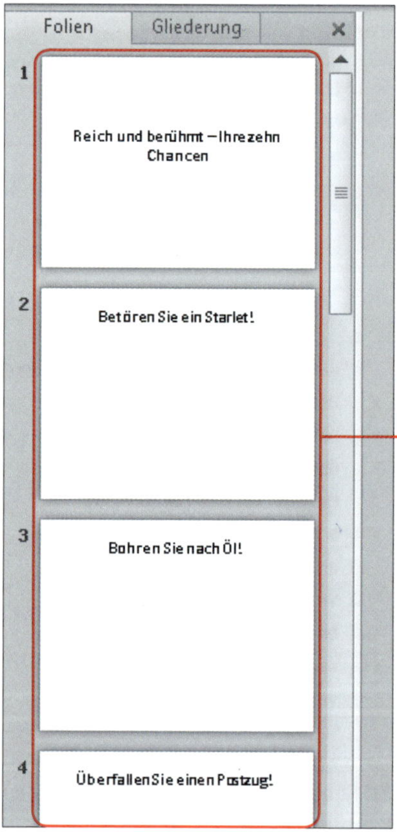

Die Reihenfolge der Folien ändern

Da Sie soeben die wichtigsten Punkte für Ihre neue Präsentation genauso eingetippt haben, wie sie Ihnen spontan in den Sinn kamen, ist die Reihenfolge der Folien vermutlich noch nicht optimal.

1 Um die Reihenfolge der Überschriften schnell und übersichtlich zu ändern, wechseln Sie wieder mit einem Mausklick auf den Registerreiter

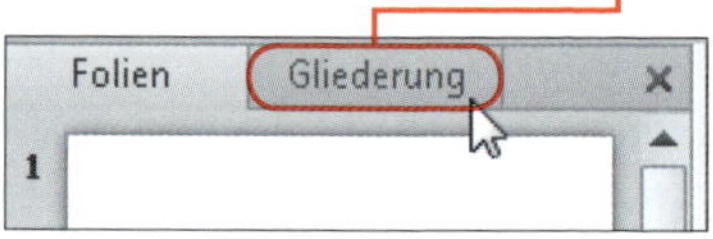

in den Gliederungsmodus.

2 Damit jetzt beispielsweise die Folie weiter ans Ende der Präsentation verschoben wird, platzieren Sie einfach den Mauszeiger auf dem dazugehörigen Symbol. Er ändert daraufhin wieder seine Form und wird diesmal zu einem Kreuz, an dessen Ende Pfeilspitzen in alle vier Richtungen weisen: .

3 Klicken Sie nun, halten Sie die Maustaste gedrückt, und schieben Sie die Folie mit weiterhin gedrückter Maustaste an den gewünschten Platz, etwa an die vorletzte Stelle: ●.

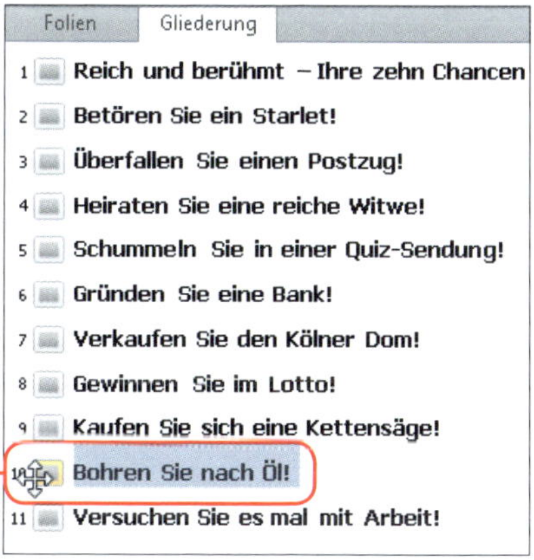

Hat die Folienüberschrift die richtige Position erreicht, lassen Sie die Maustaste wieder los.

4 Auf diese Weise können Sie die Reihenfolge der Überschriften innerhalb Ihrer Gliederungsliste nach Belieben verändern, bis Sie mit der Abfolge zufrieden sind.

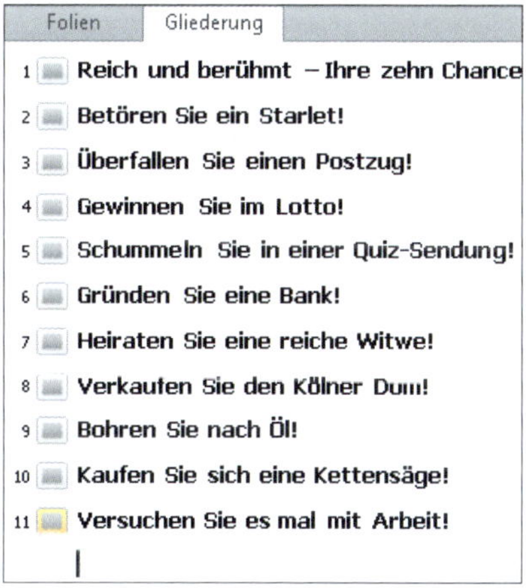

Parallel dazu ändert PowerPoint natürlich auch die Folge der Folien in der Präsentation.

Gliederungsebenen und Stichpunkte ergänzen

Jetzt haben Sie zwar eine komplette Präsentation, allerdings besteht diese bislang nur aus Überschriften. Um Ihr Publikum von Ihrer Meinung zu überzeugen, dürfte das kaum ausreichen: Sie müssen sich schon noch ein paar Argumente ausdenken, mit denen Sie Ihre Ideen begründen. Auch das ist im Gliederungsmodus blitzschnell erledigt.

1 Klicken Sie zunächst ans Ende der Überschrift, für die Sie weitere Argumente eingeben wollen, etwa hierhin ●, und drücken Sie auf die ↵-Taste. Wie Sie sehen, haben Sie jetzt eine neue Folie eingefügt: ●.

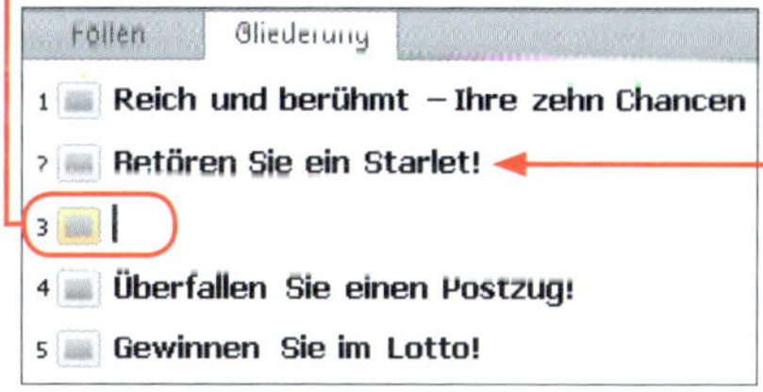

In die Zeile neben dem neuen Foliensymbol tippen Sie nun Ihren Text ein, im Beispiel: ●.

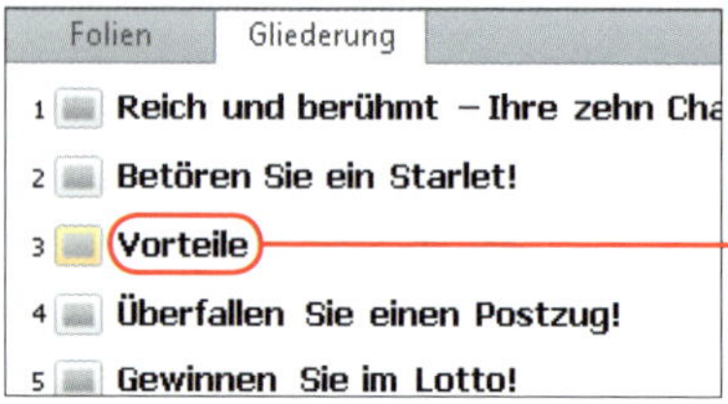

2 Damit die neue Überschrift nicht auf einer eigenen Folie erscheint, sondern als Unterpunkt der vorigen Folie verstanden wird, müssen Sie die Gliederungsebene herabstufen. Positionieren Sie dazu den Mauszeiger auf dem Foliensymbol, sodass der Zeiger wieder die Pfeilform annimmt. Klicken Sie dann, halten Sie die Maustaste gedrückt, und schieben Sie die Überschrift mit weiterhin gedrückter Maustaste nach rechts, bis sie als Unterpunkt eingerückt erscheint: ●.

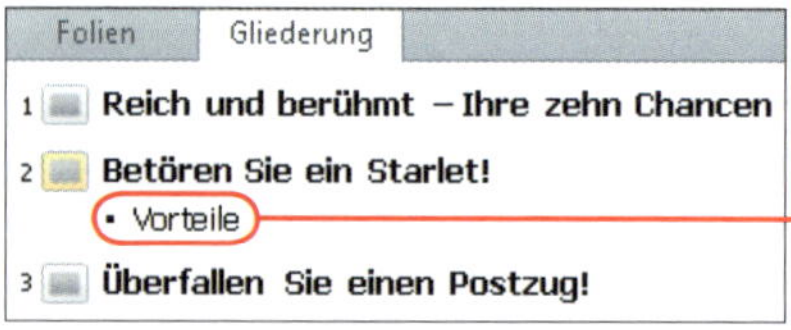

Anschließend lassen Sie die Maustaste wieder los.

3 Jetzt haben Sie, wie Sie sehen, eine neue Gliederungsebene eingerichtet. Um ein weiteres Argument auf dieser Ebene einzufügen, setzen Sie die Einfügemarke ans Ende der soeben eingege-

Kunstgriffe: Gliederungsebenen mit der Tastatur verschieben

Bei der Arbeit im Gliederungsmodus geht es in erster Linie darum, die Ideen, die Sie im Kopf haben, auf dem kürzesten Weg in eine Präsentation zu schreiben. Das geht am schnellsten, wenn die Hände da bleiben, wo sie beim Schreiben ohnehin sind, also auf der Tastatur. Mit folgenden **Tastenkombinationen** lassen sich Überschriften und Unterpunkte in Windeseile sortieren:

- **Eine neue Zeile eine Gliederungsebene nach unten stufen:**
  Wenn Sie per Druck auf die [↵]-Taste eine neue Zeile in die Gliederung eingefügt haben, drücken Sie anschließend auf die [⇆]-Taste.
  Alternativ können Sie die Tastenkombinationen [⇧], [Alt] und [→] anwenden. Dabei muss die Einfügemarke nur irgendwo in dem Schriftzug stehen, der abgestuft werden soll. Sie brauchen also nicht erst eine **Markierung** zu setzen.
- **Wieder eine Gliederungsebene nach oben stufen:**
  Mit der Tastenkombination [⇧], [Alt] und [←] geht das ruck, zuck!
- **Aktuelle Textzeile einen Absatz nach oben schieben:**
  Klappt mit der Tastenkombination [⇧], [Alt] und [↑].
- **Aktuelle Textzeile einen Absatz nach unten schieben:**
  Drücken Sie gleichzeitig [⇧], [Alt] und [↓].

benen Zeile ● und drücken noch einmal auf die ↵-Taste. Daraufhin erhalten Sie eine neue Zeile auf derselben Gliederungsebene, in die Sie selbstverständlich wieder Text eingeben können, im Beispielfall: ●.

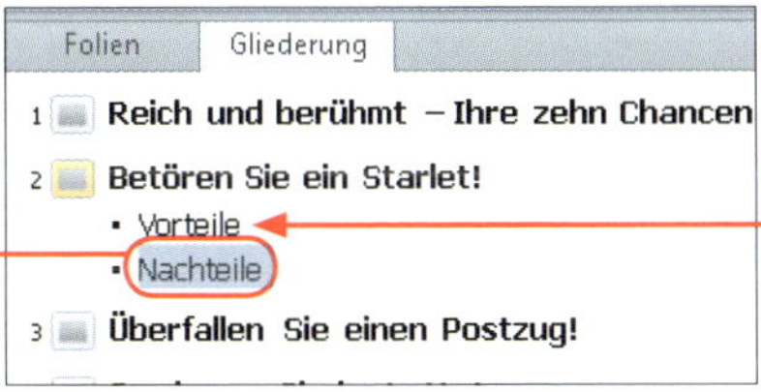

4 Mit derselben Methode können Sie eine dritte Gliederungsebene einziehen: Positionieren Sie die Einfügemarke am Ende der Zeile der zweiten Gliederungsebene ●,

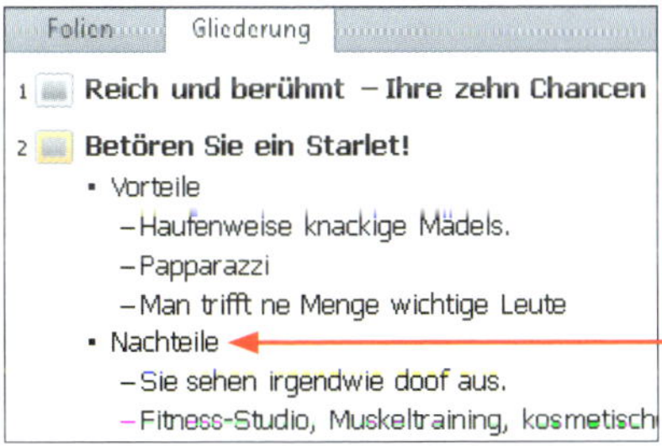

drücken Sie auf die ↵-Taste, tippen Sie das Argument der dritten Ebene ein, und verschieben Sie diese Zeile mit gedrückter Maustaste abermals nach rechts, wo sie automatisch abgestuft wird: ●.

5 Auf der Arbeitsfläche von PowerPoint können Sie feststellen, dass alle von Ihnen eingegebenen Argumente automatisch in die jeweilige Folie übernommen wurden und dort bereits übersichtlich angeordnet sind.

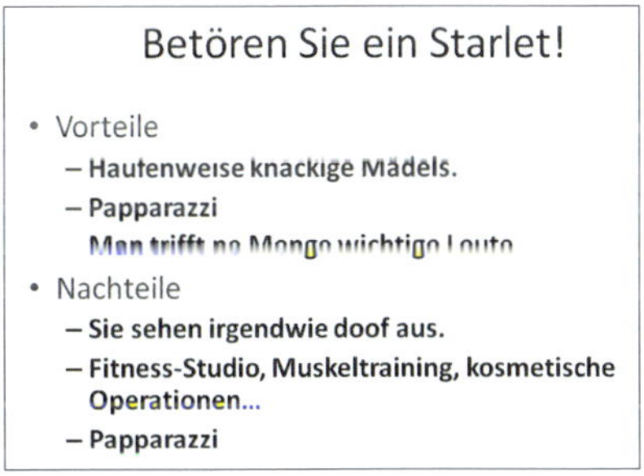

In umfangreichen Gliederungen den Überblick bewahren

Wenn Sie Ihre Präsentation im Gliederungsmodus um zusätzliche Ebenen und Argumente erweitert haben, kann es schnell mal passieren, dass Sie den Überblick verlieren. Denn immerhin werden in der **Gliederungsansicht** nicht nur die

Folien-Überschriften, sondern auch alle Gliederungsebenen angezeigt - einschließlich der hier von Ihnen eingegebenen Texte, im Beispiel: ●.

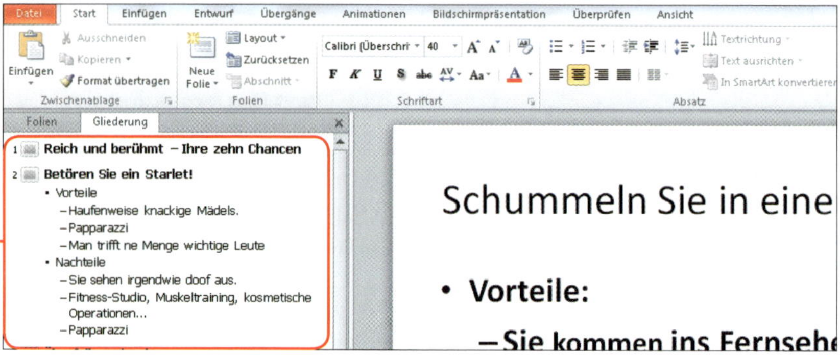

1 Um nun wieder einen Überblick über die gesamte Präsentation zu bekommen, positionieren Sie die Einfügemarke an eine beliebige Stelle Ihrer Gliederung. Dann drücken Sie die Strg-Taste und gleichzeitig die Taste A für „Alles". Daraufhin wird die gesamte Gliederung markiert ●, erkennbar daran, dass jetzt alle Einträge blau hinterlegt sind.

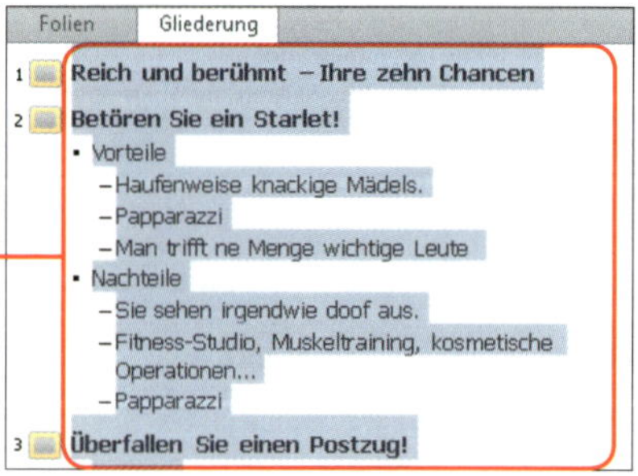

2 Als Nächstes klicken Sie mit der *rechten* Maustaste. Anschließend öffnet PowerPoint ein sogenanntes **Kontextmenü** ●, in dem Sie die wichtigsten Funktionen, die Sie im aktuellen Zusammenhang (= Kontext) benötigen, mit einem Mausklick auswählen können.

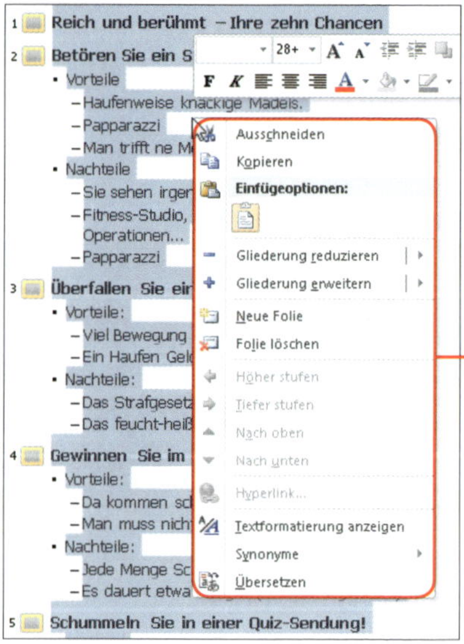

3 In diesem Kontextmenü finden Sie auch die Funktion ●. Sobald Sie den Mauszeiger darüber führen und kurz ruhen lassen, erscheint ein Untermenü, in dem zwei Optionen angeboten werden. Klicken Sie in diesem Untermenü auf die untere Option ●,

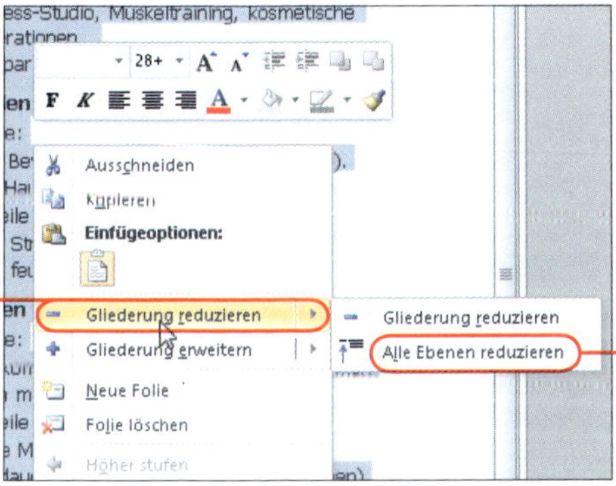

werden sämtliche unteren Gliederungsebenen aus der Gliederungsdarstellung ausgeblendet, und Sie sehen nur noch die Überschriften Ihrer Folien: ●.

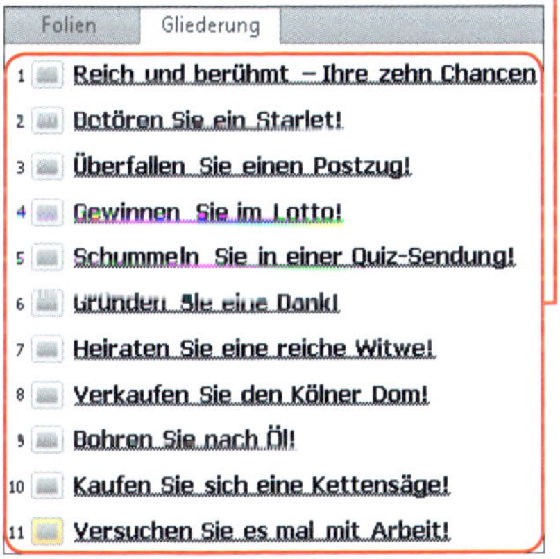

4 Selbstverständlich können Sie die Gliederung auch jetzt noch weiter bearbeiten. Um die Unterpunkte einer speziellen Folie anzusehen und zu bearbeiten, positionieren Sie einfach die Einfügemarke auf der Überschrift der entsprechenden Folie und drücken wieder die *rechte* Maustaste. Danach wählen Sie im Kontextmenü die Funktion ●

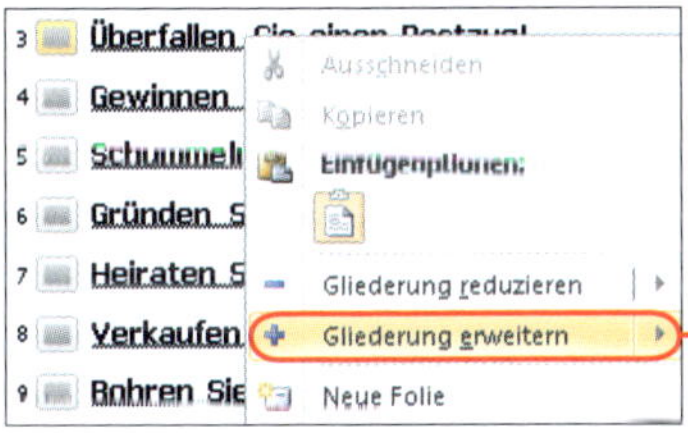

und anschließend den Befehl ●.

Daraufhin sehen Sie unter der Folienüberschrift ●, die Sie soeben ausgewählt haben, alle bereits erfassten Texte der Folie: ●.

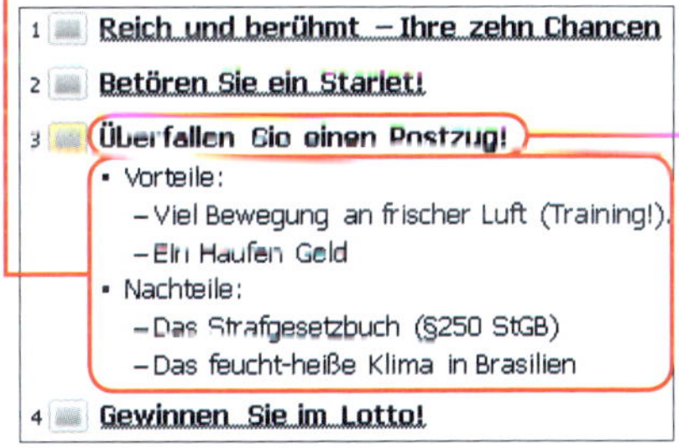

4 Schönere Schriften: Typografie mit PowerPoint

Wenn Sie - wie im vorigen Kapitel gezeigt - Ihre Ideensammlung sortiert haben, nimmt Ihre **Präsentation** durchaus schon vorzeigbare Formen an. Leider sieht sie noch nicht besonders gut aus, denn zunächst einmal haben Sie sich nur um die Texteingaben gekümmert. Höchste Zeit also, Ihre Präsentation auch optisch zur Geltung zu bringen.

Dabei spielt die geeignete Schrift eine wichtige Rolle. Auf den nächsten Seiten wird es daher zunächst um die Frage gehen, wie Sie das Schriftbild Ihrer Präsentation optimal gestalten können. Je nach Thema sollten Sie die Schrift grundsätzlich anpassen. Ein Vortrag über Bauhaus-Architektur verlangt sicher eine andere Schriftart als beispielsweise eine Präsentation zum Thema Familienurlaub. Wie Sie richtig vermuten, ist auch die Veränderung des Schriftbildes mit PowerPoint kein Problem, denn die meisten Gestaltungsoptionen funktionieren nahezu vollautomatisch.

Im vierten Kapitel dieses Buches erfahren Sie,

- wie Sie die Schriftart Ihrer Präsentationen verändern,
- wie Sie Designerschriftarten einsetzen,
- wie Sie die Schriftgrößen anpassen,
- welche Schrifteffekte Ihnen zur Verfügung stehen
- und wie Sie Listen und Aufzählungen gestalten können.

Kapitel-Wegweiser

Das Schriftbild einer Präsentation beeinflussen

Wenn Sie dem Beispiel aus dem dritten Kapitel gefolgt sind und eine Präsentation im Gliederungsmodus erstellt haben, besteht Ihre Präsentation fast ausschließlich aus Text. Umso wichtiger, dass Sie die verschiedenen Bausteine Ihrer Arbeit durch unterschiedliche Schriften betonen.

1 Beginnen Sie mit der Schriftart: Wenn Sie Ihre Präsentation etwas gründlicher betrachten, werden Sie feststellen, dass PowerPoint bislang die voreingestellte Standardschriftart verwendet. Welche Schriftart derzeit aktiv ist, erfahren Sie, wenn Sie im **Menüband** im Register ●

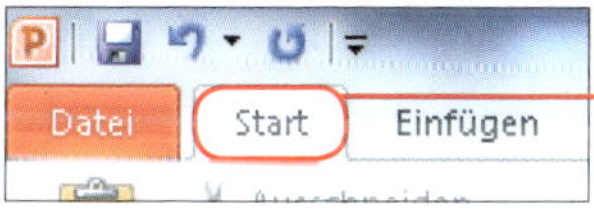

nachsehen. Im linken Drittel finden Sie den Namen der Schrift, im Beispiel ●, und alle wichtigen Einstellungen - beispielsweise die Schriftattribute fett, kursiv und unterstrichen: ●.

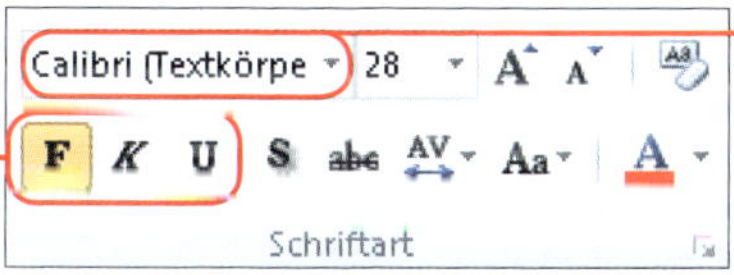

Diese können ganz einfach mit einem Mausklick ausgewählt werden.

2 Um beispielsweise die Schriftart zu ändern, markieren Sie die entsprechende Textpassage in der **Folie**. Klicken Sie dazu wie gewohnt an den Anfang des Textes, halten Sie die Maustaste gedrückt, und **ziehen** Sie den Mauszeiger mit weiterhin gedrückter Maustaste bis ans Ende. Dann lassen Sie die Maustaste los.

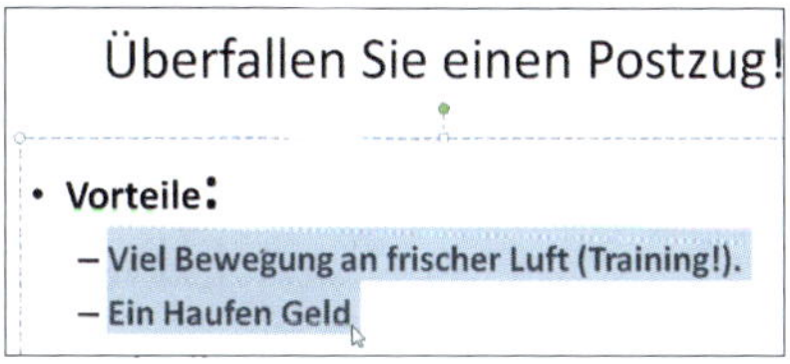

3 Anschließend klicken Sie im Menüband rechts neben der aktiven Schriftart auf den nach unten weisenden Pfeil ●. Nun klappt eine Liste auf, in der die verfügbaren Schriftarten angezeigt werden. Mithilfe des Rollbalkens ●

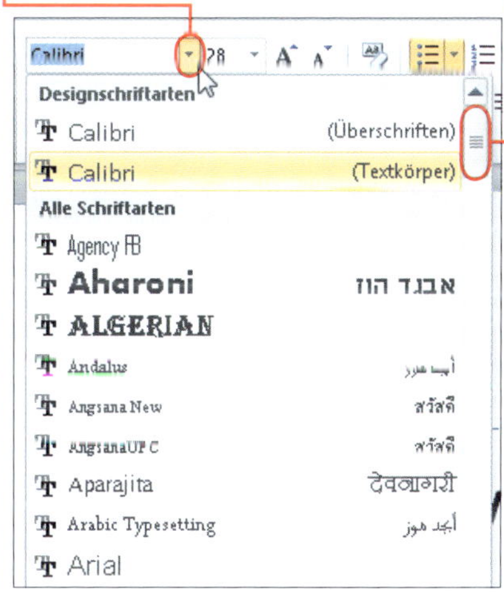

an der rechten Seite dieses Fensters können Sie auch die Schriftarten sichtbar machen, die zunächst nicht auf den Bildschirm passen.

4 Sobald Sie den Mauszeiger auf eine der Schriftarten stellen, etwa ●, sehen Sie nach einem kurzen Moment, dass der markierte Text auf der angezeigten Folie in der entsprechenden Schriftart dargestellt wird: ●

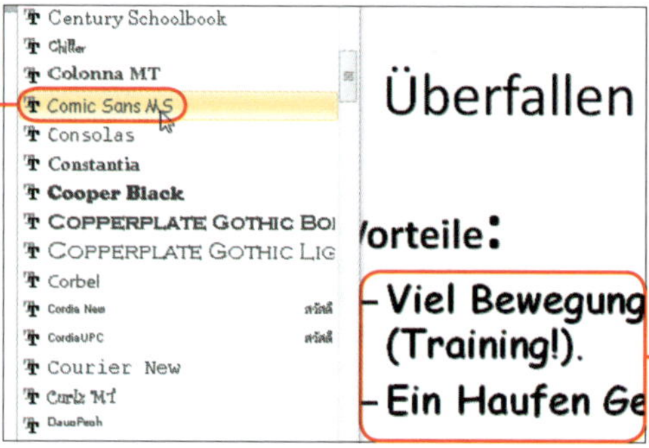

Auf diese Weise können Sie die Wirkung verschiedener Schriftarten rasch ausprobieren.

5 Haben Sie sich für eine Schriftart entschieden, bestätigen Sie diese, indem Sie den Eintrag einfach anklicken. Daraufhin wird das Auswahlfenster für die Schriftarten geschlossen, und der von Ihnen ausgewählte Text erscheint in der neuen Schriftart auf der Folie: ●.

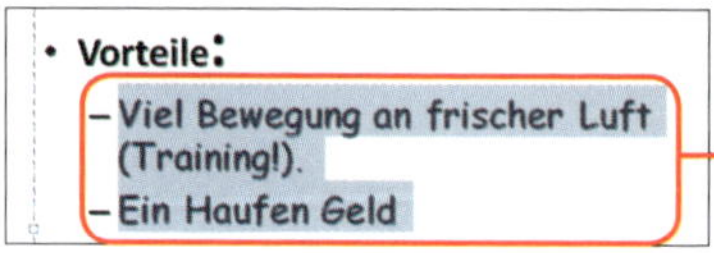

Schriftarten kombinieren

Die Veränderung der Schriftart in PowerPoint-Präsentationen ist, wie Sie gesehen haben, mit wenigen Mausklicks erledigt. Doch so einfach das ist – es birgt auch die Gefahr in sich, dass man eine Präsentation mit verschiedenen Schrifttypen förmlich überlädt. Der einzige Effekt, den eine solche Präsentation hervorruft, sind irritierte und ermüdete Betrachter. Daher bietet PowerPoint 2010 eine weitere interessante Gestaltungsmöglichkeit: die sogenannten Designerschriftarten. Das sind Schriftarten, die ästhetisch und grafisch hervorragend aufeinander abgestimmt sind.

1 Um die aufeinander abgestimmten Schriftartkombinationen nutzen zu können, müssen Sie zunächst den **Registerreiter** im Menüband wechseln. Aktivieren Sie dazu das Register ●

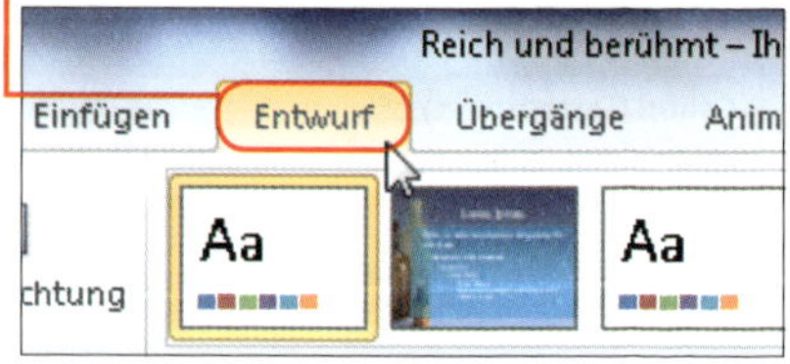

mit einem Mausklick.

2 Daraufhin sehen Sie verschiedene Funktionen zur Gestaltung Ihrer Präsentation. Rechts neben den verschiedenen Designmustern, die Sie bereits im ersten Kapitel kurz kennengelernt haben, finden Sie den Bereich „Farben“, „Schriftarten“ und „Effekte“. Wenn Sie darin auf

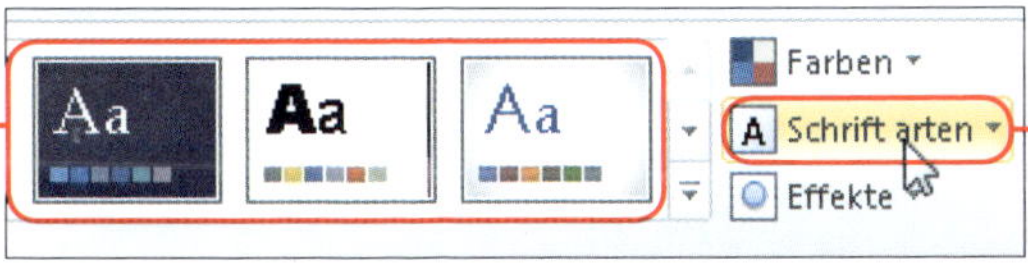

klicken, öffnet sich eine Liste, in der Ihnen verschiedene Schriftartkombinationen für ein durchgängiges **Foliendesign** angeboten werden. Das Standarddesign,

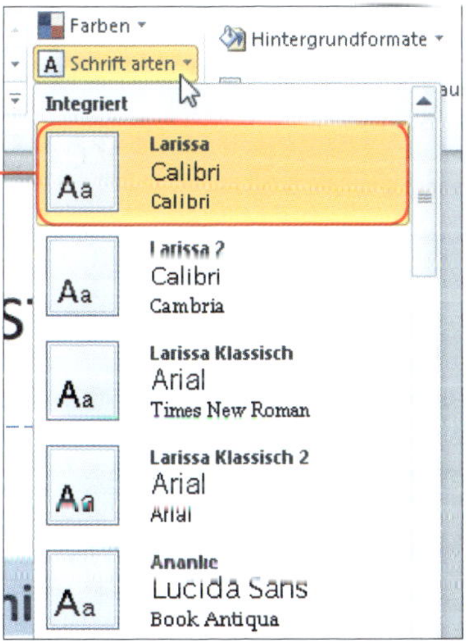

das als Grundeinstellung aktiviert ist, heißt „Larissa“ und bietet die Schriftart „Calibri“ sowohl für die Überschriften als auch für den Folientext.

3 Damit Sie auch die Designerschriftarten in den Blick bekommen, die gerade nicht zu sehen sind, klicken Sie wieder den Rollbalken an und ziehen ihn mit gedrückter Maustaste nach unten. Wenn Sie den Mauszeiger auf einem der Angebote

positionieren, sehen Sie, dass die Folie im **Arbeitsbereich** bereits eine entsprechende Vorschau

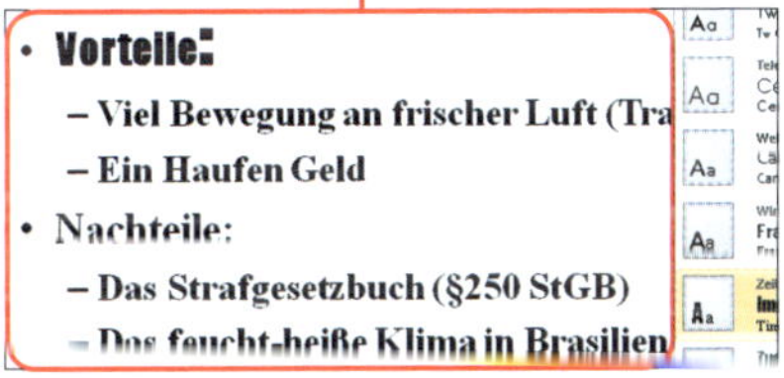

liefert. So lässt sich die Wirkung verschiedener Designerschriftart-Kombinationen vorab in Augenschein nehmen.

4 Sind Sie mit einer Voransicht zufrieden, wählen Sie die Schriftartkombination mit einem Mausklick aus, etwa.

Diese wird nun auf die gesamte Präsentation angewandt.

Die Auswahl der Schriftgröße

Als Nächstes geht es um die korrekten Schriftgrößen für Ihre Präsentation. Damit verhält es sich kaum anders als mit der Auswahl der Schriftart. Auch hier gelten Änderungen nur für die zuvor markierten Textbereiche, wie Sie das schon von **Word** oder einer anderen Textverarbeitung her kennen. Die Regel heißt also: zuerst markieren, dann verändern. Und genau wie in anderen Anwendungen werden die Schriftgrößen in **Punkt** angegeben. Bei Punkt (0,351 mm) handelt es sich um ein typografisches Maß. Die Standardschrift einer alten Schreibmaschine war früher „Courier 12“, also eine 12-Punkt-Schrift. Allerdings lassen sich Bildschirmschriften nur schwer mit Druckschriften vergleichen.

1 Bevor Sie die Größe der Schriften anpassen, sollten Sie zunächst einmal nachsehen, welche Schriftgrößen überhaupt verwendet wurden. Immerhin hängt es später bei der Präsentation von der Schriftgröße ab, ob eine Folie rasch erfasst und problemlos gelesen werden kann oder nicht. Positionieren Sie also den Mauszeiger auf einer Textpassage, im Beispiel in der zweiten Folie auf der zweiten Gliederungsebene: ●.

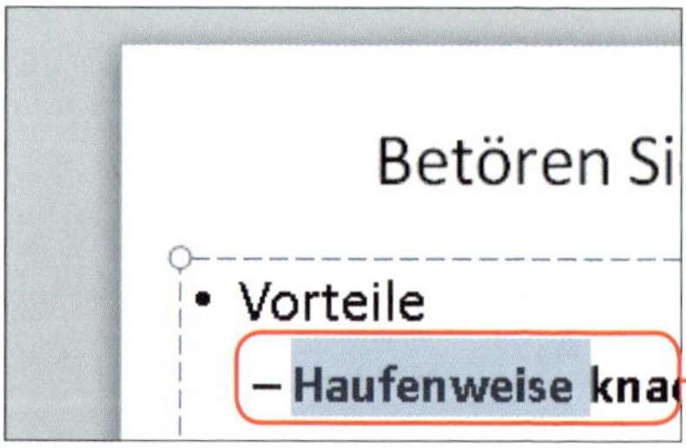

Daraufhin sehen Sie im Menüband rechts

Automatische Schriftgrößenanpassung

PowerPoint weist eine Besonderheit auf, die Sie in Word vergebens suchen. Wenn Sie sich die Textpräsentation etwas genauer ansehen, werden Sie feststellen, dass zwar die Schriftgröße der Folienüberschriften stets identisch ist (voreingestellt ist die Schrift „Calibri“ in der Größe 44 Punkt), dass allerdings die Schrift bei den Folieninhalten unterschiedlich groß ist: PowerPoint bemüht sich nämlich, die Folien möglichst gleichmäßig zu füllen, und stellt die Schrift jeweils so groß wie möglich dar. Damit bleibt es nicht aus, dass der Text immer kleiner dargestellt wird, je größer die Textmenge auf einer Folie wird.

neben der Anzeige der Schriftart, dass der Text in einer Größe von 32 Punkt

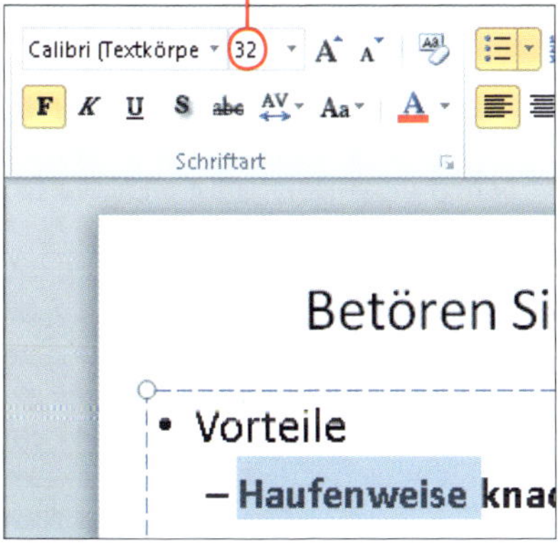

formatiert wurde.

2 Dieselbe Kontrolle wiederholen Sie nun bei der nächsten Folie. Im unten abgebildeten Beispielfall ist der Text in einer Größe von 28 Punkt

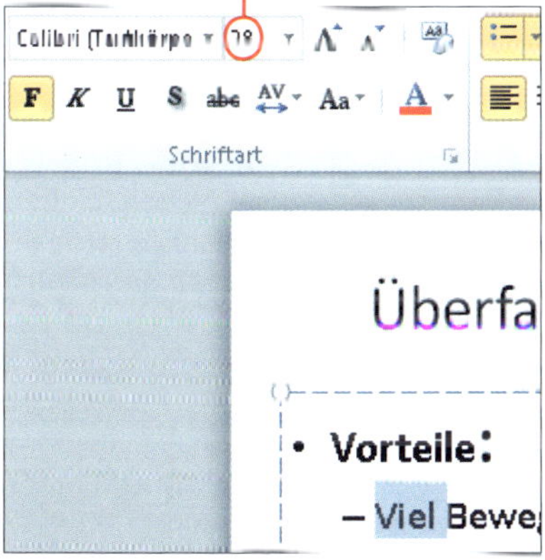

formatiert, also vier Punkt kleiner als in der vorhergehenden Folie.

3 Um nun dafür zu sorgen, dass der Text auf beiden Folien in derselben Größe formatiert wird, müssen Sie sich für eine Schriftgröße entscheiden. Die Wahl fällt nicht schwer: Wenn Sie verhindern wollen, dass der Text die Dimensionen einer Folie sprengt, kann nur die jeweils kleinste Schriftart ausschlaggebend sein. Für das vorliegende Beispiel heißt das, dass die Schriftart der ersten Folie auf 28 Punkt reduziert werden muss. Dazu **markieren** Sie die Textbereiche, die verkleinert werden müssen, mit gedrückter Maustaste und klicken anschließend rechts neben der Schriftgröße auf den nach unten weisenden Pfeil und danach auf die Schriftgröße 28 Punkt.

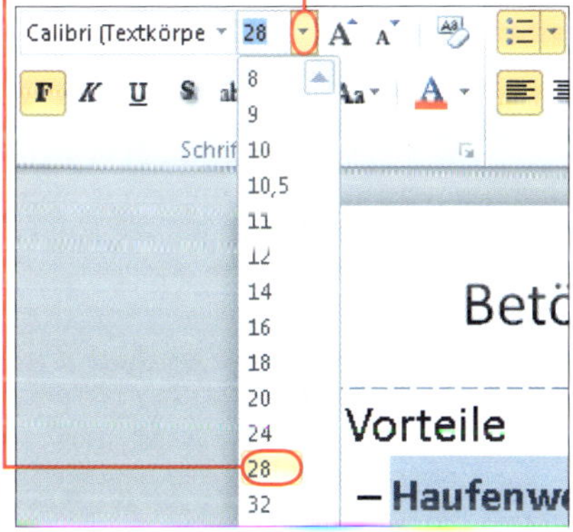

4 Bei PowerPoint befinden sich die verschiedenen Textebenen logischerweise nicht auf einer Folie, sondern verteilt auf mehreren Folien. Um diese Textbereiche nicht jeweils einzeln markieren und in der Größe verändern zu müssen, bietet PowerPoint Ihnen die

Möglichkeit, Textabschnitte auch dann zu markieren, wenn sie nicht zusammenhängend auf der Folie stehen. Markieren Sie dazu einfach den ersten Abschnitt, etwa ●,

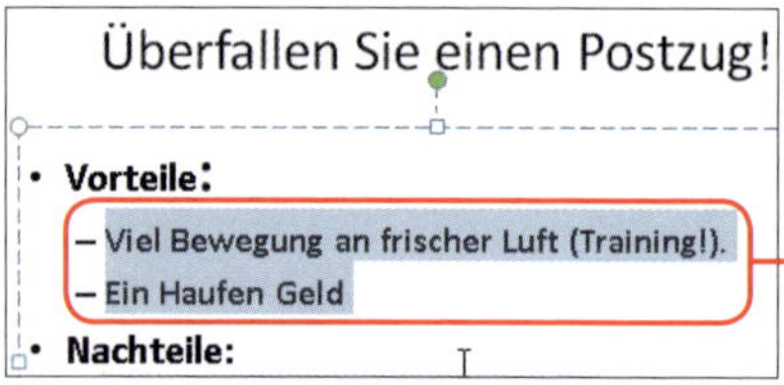

mit der Maus. Anschließend drücken Sie die Strg-Taste, halten diese gedrückt und markieren den zweiten, im Beispiel ●,

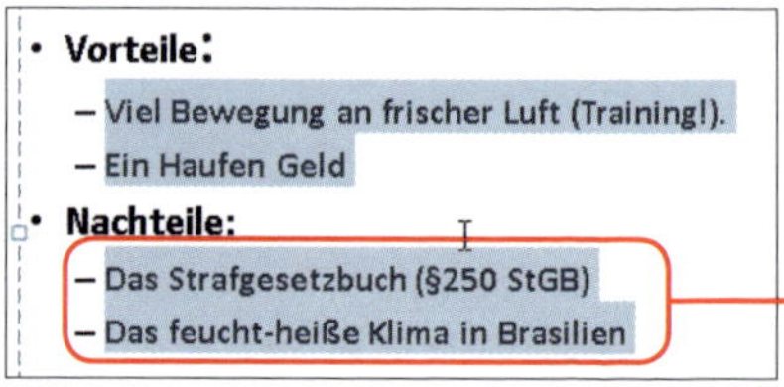

oder auch noch weitere Textabschnitte. Wenn Sie alle Abschnitte wunschgemäß markiert haben, lassen Sie die Strg-Taste los. Auf diese Weise können Sie die gewünschten Modifikationen quasi „in einem Abwasch" erledigen.

Weitere Schrifteffekte in PowerPoint

Um das Schriftbild Ihrer Präsentation zu verändern, müssen Sie sich natürlich nicht darauf beschränken, die Schriftart und die Schriftgröße anzupassen. Weitere Optionen bietet Ihnen im Menüband „Start" der Bereich ●.

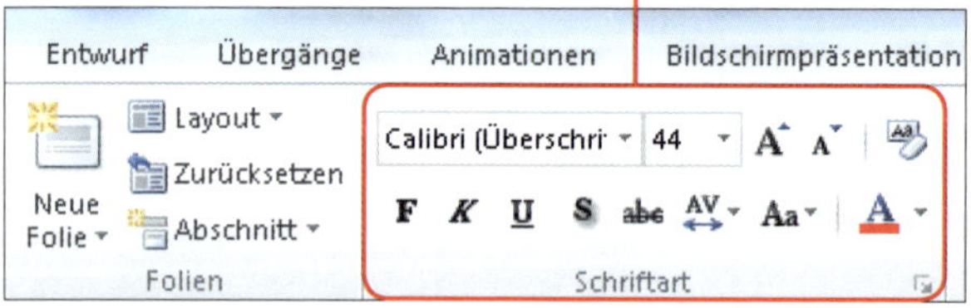

Viele Optionen für Formatierungen sind Ihnen zweifellos schon aus Ihrer Textverarbeitung bekannt. Wie immer wirken sich Gestaltungen auf die zuvor mit gedrückter Maustaste markierten Zeichen aus. Ein- oder ausgeschaltet werden die Schriftattribute, indem das **Symbol** der gewünschten Gestaltung mit der Maus angeklickt wird.

1 In der oberen Zeile des Bereichs „Schriftart" finden Sie neben der Auswahl für Schriftart und -größe drei weitere Schaltflächen. Um markiertem Folientext die nächstgrößere Schriftart zuzuweisen, klicken Sie auf ●. Umgekehrt führt ein Mausklick auf ●

dazu, dass der markierte Text verkleinert wird. Und mit dem Radiergummi ● löschen Sie alle Formatierungen des markierten Textes per Mausklick.

2 Die zweite Symbolzeile dieses Fensters bietet Ihnen zunächst die drei landläufig bekannten Formatierungsoptionen. Das Symbol links ● setzt den markierten Text in Fettsatz, das Symbol rechts davon ● sorgt für kursiven - schrägen - Satz des Textes,

und das symbolisierte U ● unterstreicht den markierten Text.

3 Die nächsten vier Symbole sind Ihnen dagegen möglicherweise weniger geläufig: Um eine Passage optisch hervorzuheben, genügt ein Mausklick auf ●.

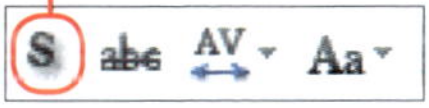

Dadurch werden die markierten Textteile mit einem zusätzlichen Schatten versehen:

4 Wollen Sie dagegen eine Passage durchstreichen - etwa um in Ihrer Präsentation eine falsche Aussage zu verdeutlichen -, genügt ein Klick auf das Symbol ●.

Der markierte Textabschnitt wird daraufhin durchgestrichen: ●.

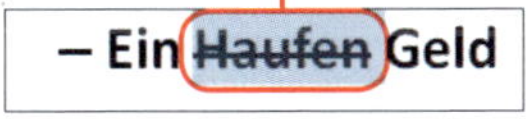

5 Wenn Sie die sogenannte Laufweite der Schrift anpassen möchten, klicken Sie auf die Schaltfläche ●.

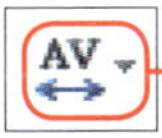

Im anschließend geöffneten Auswahlfenster können Sie mit einem Mausklick den Zeichenabstand, etwa ●,

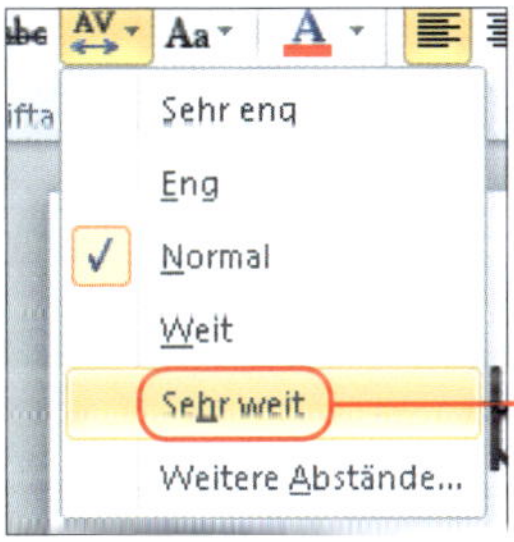

im markierten Text bestimmen.

6 Die Groß- und Kleinschreibung im markierten Text beeinflussen Sie per Klick auf ●.

Auch dies öffnet ein Auswahlfenster, in dem Sie mit einem Mausklick entscheiden können, ob der markierte Text in

Die große Welt der Zeichengestaltung

Das Menüband bietet Ihnen bereits jede Menge Möglichkeiten zur Anpassung der Typografie. Sollte das immer noch nicht ausreichen, hat PowerPoint noch ein paar Tricks in der Hinterhand. Um Zugriff auf sämtliche Schriftgestaltungen zu erhalten, klicken Sie neben „Schriftart" auf den kleinen schräg nach rechts unten weisenden Pfeil .

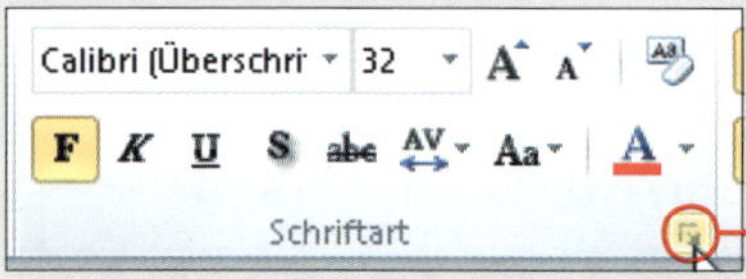

Daraufhin stehen Ihnen noch mehr Möglichkeiten der Typografie zur Verfügung. Hier können Sie wie gewohnt per Mausklick Ihre Wahl treffen und abschließend alles mit bestätigen. Interessant ist zum Beispiel der Schriftschnitt „**Kapitälchen**", den Sie mit einem Klick in das gleichnamige Auswahlkästchen aktivieren. Das Ergebnis im Beispielfall sieht so aus: .

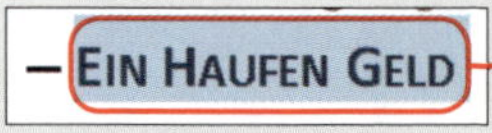

Probieren Sie einfach mal aus, was Ihnen gefällt und was Ihnen nützlich und lesefreundlich erscheint. Und vergessen Sie dabei nicht, dass Ihnen grundsätzlich das Radiergummisymbol zur Verfügung steht, um im Fall der Fälle alle Formatierungen zu löschen.

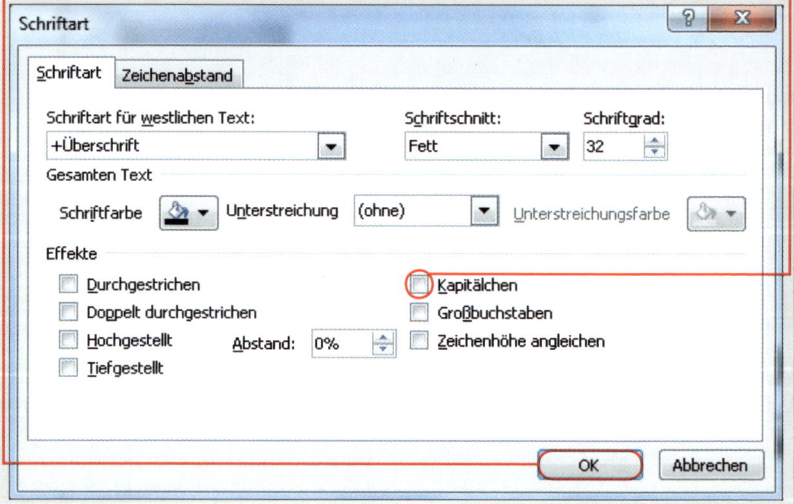

Großbuchstaben, durchgängig mit großem Anfangsbuchstaben oder sogar in umgekehrter Groß-/Kleinschreibung gestaltet werden soll.

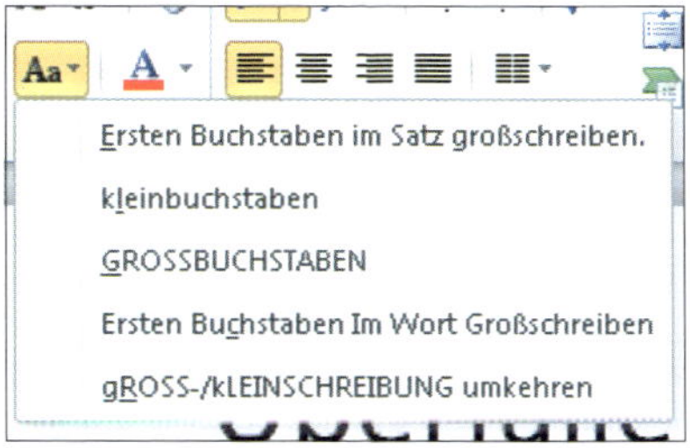

Wie stets bei PowerPoint 2010 sehen Sie auch hier die möglichen Veränderungen schon in dem Moment, in dem Sie den Mauszeiger auf die entsprechende Option bewegen.

7 Die Schriftfarbe ist gerade bei Präsentationen mit farbigem Folienhintergrund entscheidend für die Lesbarkeit. Während der Leser von Druckmedien auf das gewohnte Schwarz-auf-Weiß vertrauen darf, erfreuen Präsentationen die ermüdeten Augen der Betrachter gerne mit Rot-Orange- oder Blau-Grün-Kombinationen. Das mag schick aussehen, dafür lässt sich aber die Schrift nicht erkennen. Also sollten Sie die Schriftfarbe möglichst im Kontrast zum Hintergrund anpassen. Ein Mausklick auf

öffnet ein Auswahlfenster, in dem Sie, ebenfalls per Klick, bestimmen können, welche Farbe der markierte Text auf der Folie haben soll, im Beispiel:

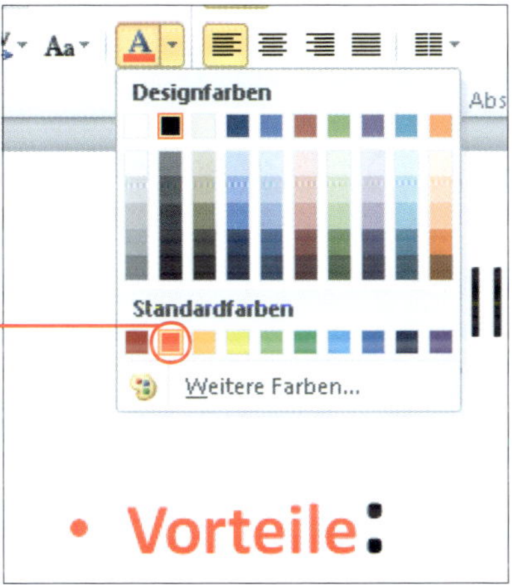

Listen und Aufzählungen gestalten

Ehe Sie das Kapitel Typografie abschließen, sollten Sie noch der Gestaltung von Listen und Aufzählungen ein wenig Aufmerksamkeit schenken. Denn eine Präsentation, die Sie zunächst im Gliederungsmodus entworfen haben, wird von Listen und Aufzählungen nur so strotzen. Um Ihrem Publikum hier zusätzliche Orientierung zu bieten, sollten Sie dafür sorgen, dass die Aufzählungszeichen, die hier benutzt werden, etwas besser aussehen.

Schrift

Listen und Aufzählungen gestalten

1 Um die Aufzählungszeichen einer Gliederungsebene zu beeinflussen, markieren Sie wieder die entsprechenden Textteile einer Präsentation. Am praktischsten ist dabei die Methode, die Ihnen in Schritt 4 auf Seite xx gezeigt wurde.

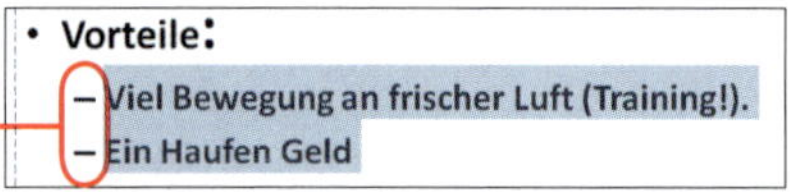

2 Anschließend klicken Sie im Menüband „Start“ neben dem Symbol für Aufzählungszeichen auf den kleinen Pfeil ,

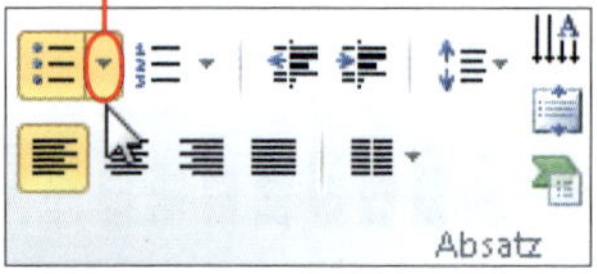

damit ein Auswahlfenster mit den verschiedenen Aufzählungszeichen geöffnet wird.

3 Klicken Sie nun auf eine der hier angebotenen Optionen, beispielsweise auf ,

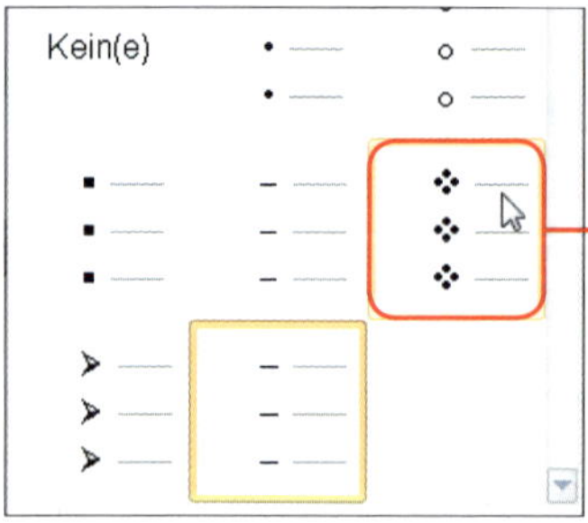

werden die so dargestellten Aufzählungszeichen auf die markierten Zeilen angewandt: .

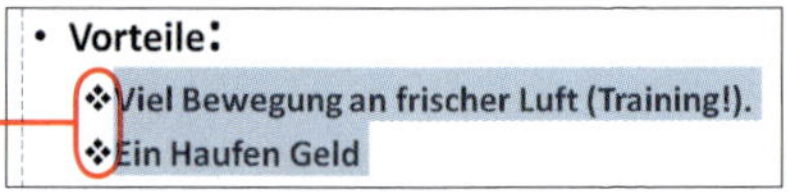

4 Bisweilen sind allerdings auch die schönsten Aufzählungszeichen fehl am Platze: Manche Präsentationen sehen besser aus, wenn die einzelnen Aspekte nicht mit Punkten, Sternen oder Pfeilen markiert sind, sondern durchnummeriert werden. Hier hilft ein Klick auf den Pfeil

der Schaltfläche, die rechts neben der ersten platziert ist. Es öffnet sich wieder ein Auswahlfenster, in dem unterschiedliche Formatierungen für die Aufzählung angeboten werden. Per Klick auf eine der Optionen übertragen Sie diese auf den markierten Text.

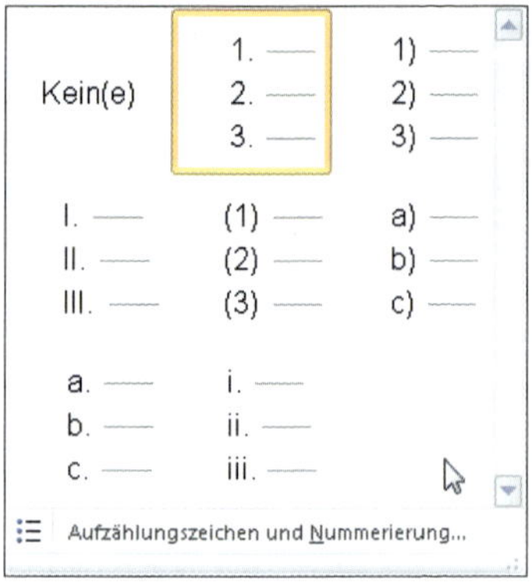

5 Doch was passiert, wenn sich in Ihrer Präsentation eine Folie befindet, die einfach nur Text enthält und in der Aufzählungszeichen ebenso störend wirken würden wie Nummerierungen? Dummerweise werden auch diese Texte von PowerPoint automatisch mit einem Aufzählungszeichen versehen, etwa hier: ●.

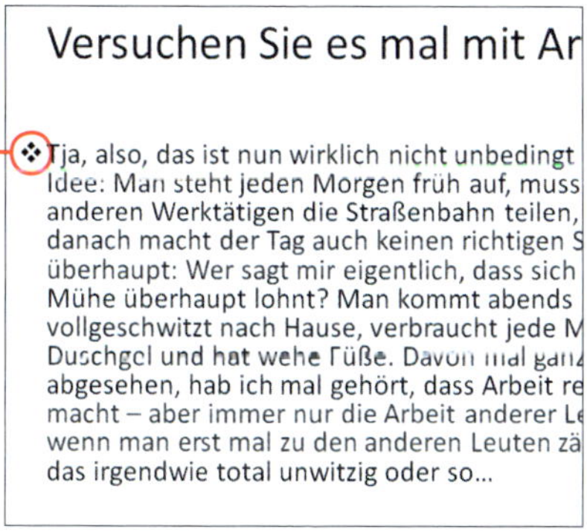

Um ein solches Aufzählungszeichen zu entfernen, stellen Sie den Mauszeiger einfach in den Textabschnitt und öffnen abermals das Auswahlfenster per Klick auf den Pfeil ●.

Dann brauchen Sie in der geöffneten Liste nur noch die Option ●

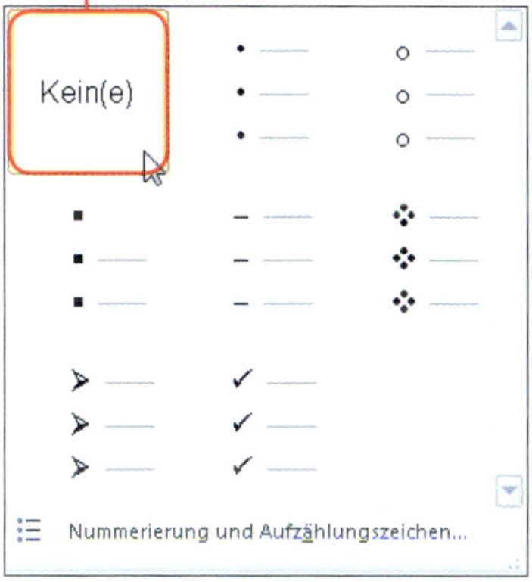

anzuklicken – und schon verschwindet das unnötige Aufzählungszeichen.

5 Farbenfrohe Präsentationen

Folien in Schwarz-Weiß wirken zwar recht seriös, können vom Betrachter aber auch schnell als langweilig empfunden werden. Zudem haben Farbmonitore und Farbdrucker längst Einzug in die PC-Welt gehalten - warum also nicht etwas Farbe ins Spiel bringen? Gerade wenn typografische Feinheiten mit optischen Effekten kombiniert werden, zeigt PowerPoint, was in ihm steckt.

Wie so oft ist es auch hier am einfachsten, eines der vorgefertigten Designs einzusetzen. Im Folgenden wird Ihnen aber auch gezeigt, wie Sie eine **Präsentation** ganz nach Ihren persönlichen Vorstellungen gestalten können. Dabei geht es zunächst einmal um die verschiedenen Hintergründe Ihrer Präsentationsfolien.

Im fünften Kapitel dieses Buches erfahren Sie,

- wie Sie einfarbige Hintergründe einsetzen,
- wie Sie die fertigen Hintergrundformate nutzen,
- wie Sie weitere Hintergrundeffekte verwenden,
- welche Hintergrundstrukturen Ihnen zur Verfügung stehen,
- wie Sie die mitgelieferten **ClipArts** als Hintergrundgrafik verwenden
- und wie Sie eigene Bilder als Hintergrundgrafik einsetzen können.

Kapitel-Wegweiser

Einheitliche Farbe für Hintergrund

Beginnen Sie damit, die **Folien** Ihrer Präsentation zunächst mal einfach in eine einzige Farbe zu tauchen. Das ist - gemessen an den Möglichkeiten von PowerPoint - nicht sonderlich anspruchsvoll, kann jedoch in bestimmten Situationen durchaus sinnvoll sein: Wenn Sie beispielsweise mit PowerPoint eigene Digitalfotos vorführen wollen (siehe Kapitel 7), werden Sie vermutlich Wert auf einen schlichten dunklen Hintergrund legen, damit der Betrachter nicht unnötig von Ihren Bildern abgelenkt wird.

1 Um den Hintergrund einer Präsentation einzufärben, setzen Sie einfach den Mauszeiger auf einen freien Bereich ●

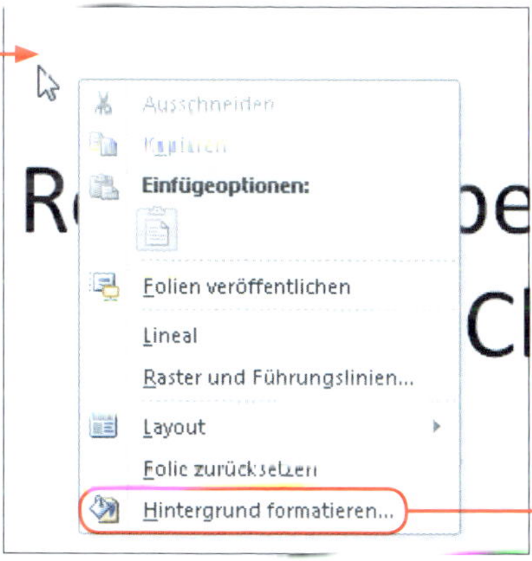

der aktuellen Folie, der nicht von einem Textfeld beansprucht wird, und klicken dann mit der *rechten* Maustaste. Daraufhin öffnet PowerPoint ein **Kontextmenü**, in dem Sie, jetzt wieder mit links, auf den untersten Eintrag ● klicken.

2 In dem Auswahlfenster, das nun angezeigt wird, sehen Sie, dass die Option ● bereits voreingestellt ist. Wenn Sie hier auf ●

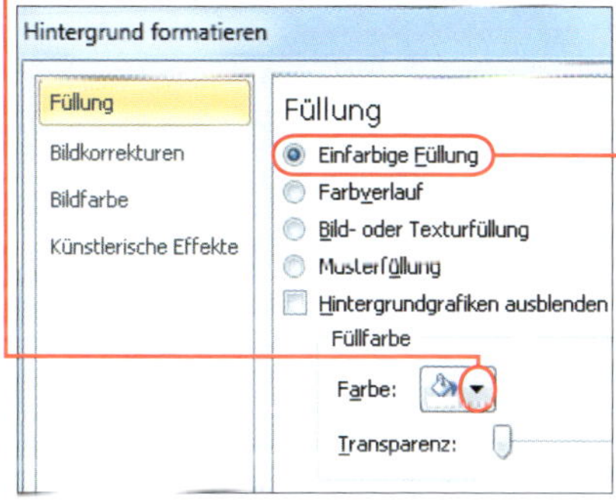

klicken, erscheint ein weiteres Auswahlfenster, in dem Sie die Folienfarbe mit einem Mausklick aussuchen können, im Beispiel ●.

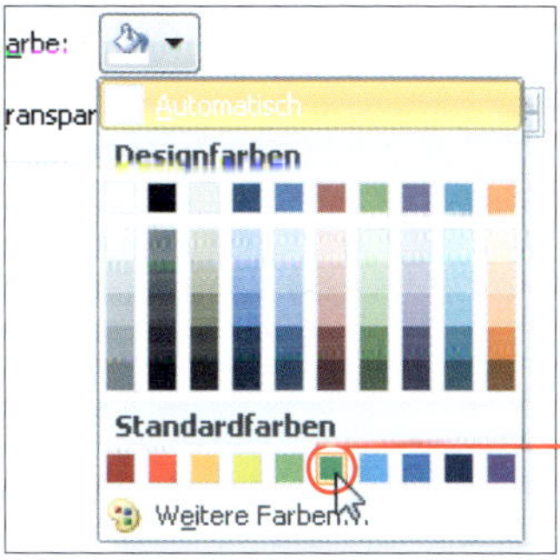

3 Anschließend landen Sie wieder automatisch im Auswahlfenster „Hintergrund formatieren". Neben diesem Fenster sehen Sie jetzt, dass die Folie, von der aus Sie die Einstellung vorgenommen haben, bereits in der gewählten Farbe leuchtet. Die anderen Folien allerdings erstrahlen weiterhin in Weiß: .

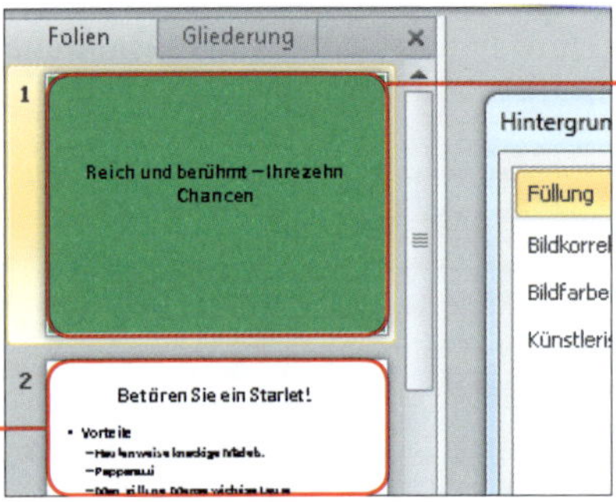

4 Falls Sie die anfangs gewählte Hintergrundfarbe auch für die restlichen Folien übernehmen wollen, ist es nicht notwendig, diese Prozedur für alle Folien Ihrer Präsentation einzeln zu wiederholen. Klicken Sie stattdessen im Auswahlfenster „Hintergrund formatieren" rechts unten auf die Schaltfläche

[Für alle übernehmen].

Nach einem letzten Mausklick auf die Schaltfläche

[Schließen]

werden Sie feststellen, dass alle Folien Ihrer Präsentation in Ihrer Wunschfarbe getönt sind.

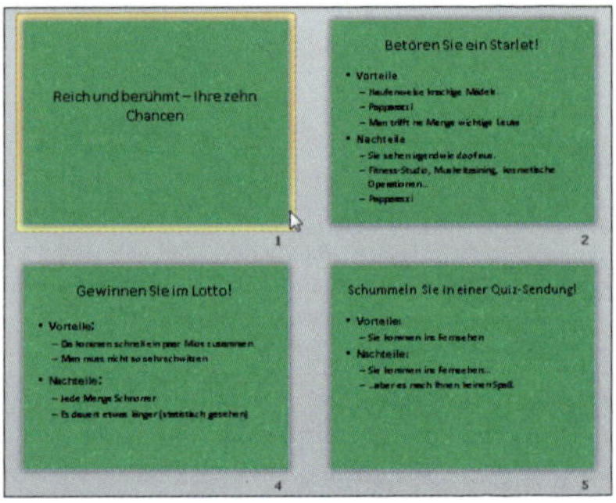

Fertige Hintergrundformate benutzen

Wenn Sie die Hintergründe Ihrer Präsentation mit einer eher dunklen Farbe getönt haben, führt dies leider auch dazu, dass die schwarze Schrift darauf nur noch schwer lesbar ist. Das liegt daran, dass sich die einfache Hintergrundformatierung, die Sie soeben durchgeführt haben, eben nur um die Hintergründe kümmert - und um nichts anderes. Es gibt aber Alternativen: Zum Funktionsumfang von PowerPoint 2010 zählen auch fertige Hintergrundformate, die die professionelle Gestaltung von Hintergründen spürbar erleichtern.

1 Um die Hintergrundformate von PowerPoint 2010 zu nutzen, müssen Sie zunächst zum passenden **Menüband**

wechseln: Klicken Sie dazu auf den Registerreiter ●.

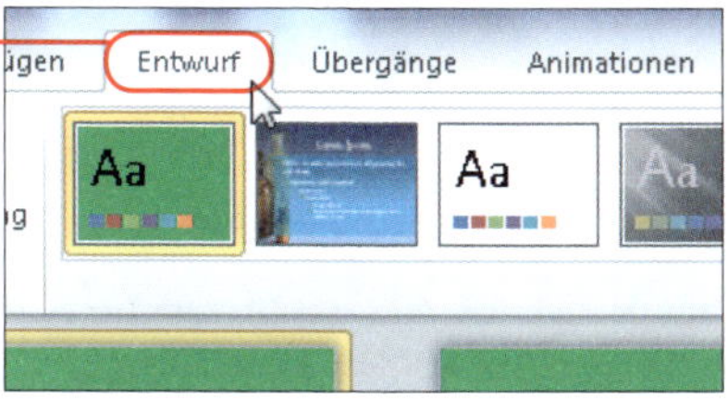

In der daraufhin sichtbar werdenden Befehlszusammenstellung finden Sie auch die Schaltfläche ●.

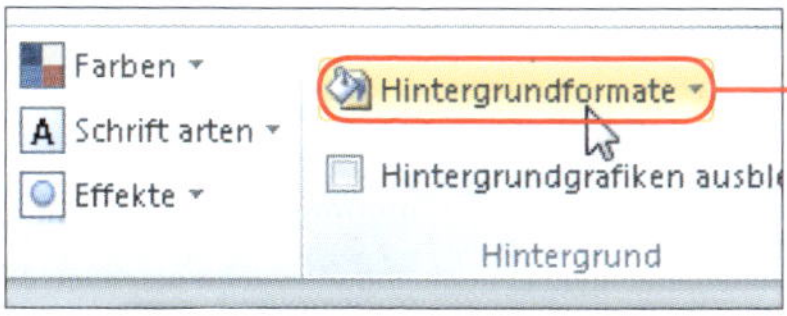

Wenn Sie darauf klicken, öffnet sich ein weiteres Fenster mit diversen vorgefertigten Hintergrundentwürfen.

2 Führen Sie den Mauszeiger auf eines dieser Hintergrundformate, beispielsweise ●.

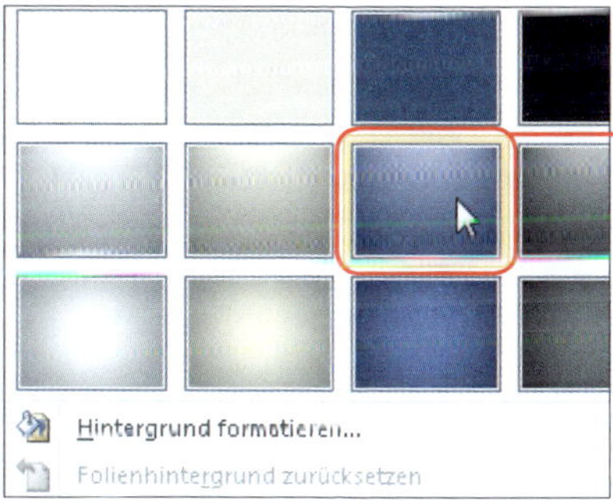

Anschließend sehen Sie, dass die aktuell angezeigte Folie unter dem Auswahlfenster in diesem Design dargestellt wird.

Auf diese Weise können Sie die Wirkung verschiedener Hintergrundformate testen, bevor Sie sich per Mausklick für eines entscheiden. Treffen Sie also Ihre Wahl, und bestätigen Sie diese mit einem einfachen Mausklick auf das entsprechende Designmuster.

3 Wie Sie sehen, hat Ihnen dieser eine Mausklick eine Menge Arbeit erspart: Zum einen wurde der Hintergrund mit einem attraktiven Farbverlauf gestaltet, zum anderen wurde die Schriftfarbe automatisch an den dunkleren Hintergrund angepasst, und darüber hinaus erscheinen sämtliche Folien Ihrer Präsentation nun sofort im ausgewählten Design.

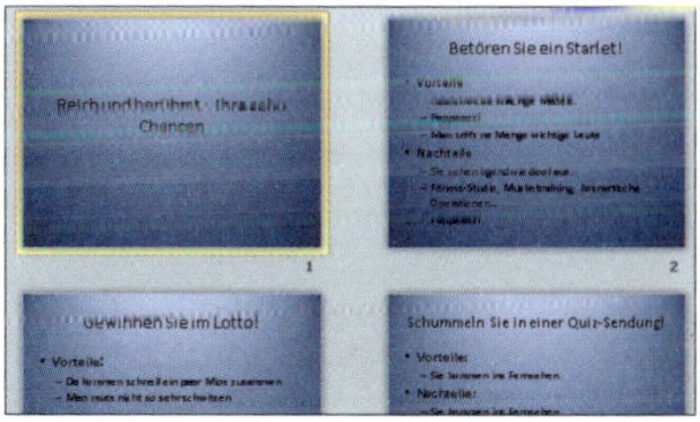

Noch mehr Hintergrundeffekte

Die vorgefertigten Hintergrundformate von PowerPoint 2010 sind eine gute Hilfe, um schnell zu einem einheitlichen und unaufdringlichen Präsentations-Design zu kommen. Allerdings kann es Situationen geben, in denen diese Hintergrundformate etwas zu seriös wirken. Das lässt sich ändern: Denn im Prinzip können Sie alle Effekte, die Sie schon von den fertigen Hintergrundformaten her kennen, auch selbst erzeugen - nur bunter.

1 Öffnen Sie wieder das Kontextmenü, indem Sie mit der *rechten* Maustaste auf eine leere Stelle einer Folie klicken, und wählen Sie anschließend, wie üblich mit der linken Maustaste, den Eintrag ●.

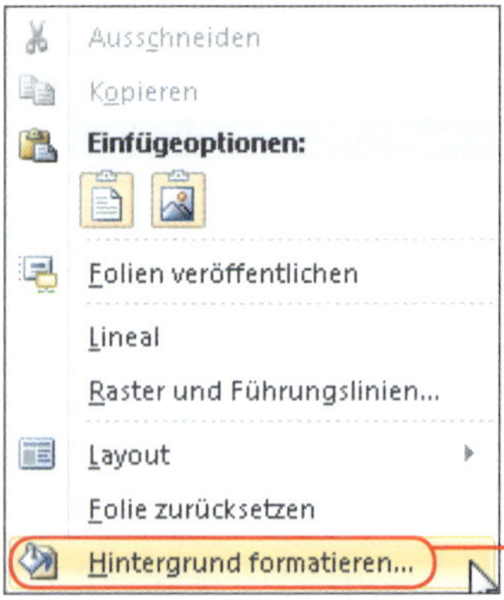

2 Sobald Sie im gleichnamigen Auswahlfenster, das nun auf dem Bildschirm erscheint, die Option ●

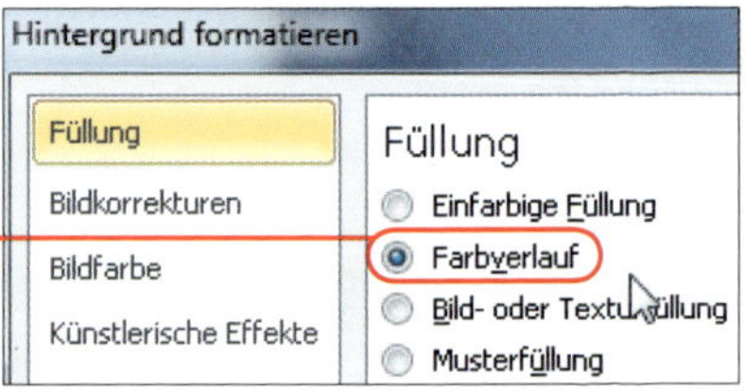

per Mausklick **markieren**, tauchen im Fenster zusätzliche Funktionen auf, über die Sie den Farbverlauf steuern können: ●.

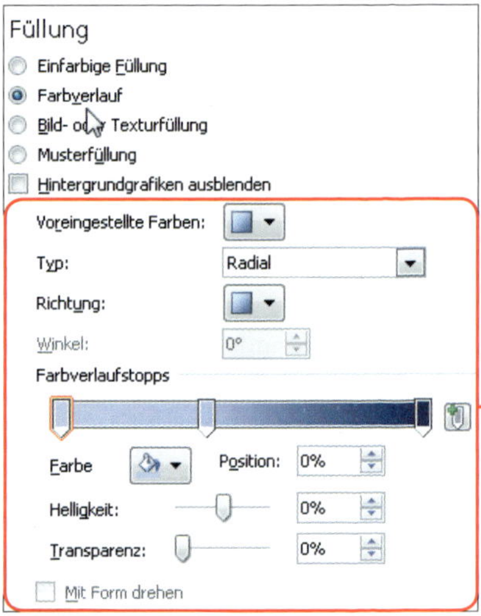

Wie gewohnt können Sie in der aktiven Folie direkt beobachten, wie sich die Einstellungen auswirken. Als Erstes fällt auf, dass die Folie nicht mehr einfarbig ist, sondern die Farbe in einer Richtung heller wird.

3 In welche Richtung die Hintergrundfarbe aufgehellt wird, können Sie beeinflussen. Um den Typ des Farbverlaufs zu ändern, klicken Sie auf den Pfeil und danach in der aufklappenden Liste, in der die verschiedenen Arten der Schattierung angegeben sind, beispielsweise auf die Option.

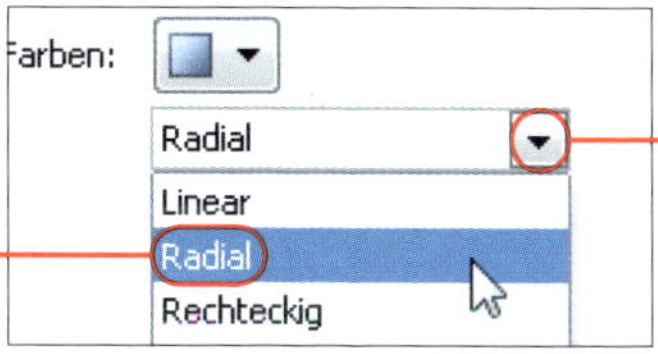

4 Damit – das sehen Sie an der aktiven Folie – haben Sie die Hintergrundfarbe kreisförmig zur rechten unteren Ecke der Folie aufgehellt. Wenn Sie eine andere Ausrichtung dieses Farbeffekts vorziehen, klicken Sie auf.

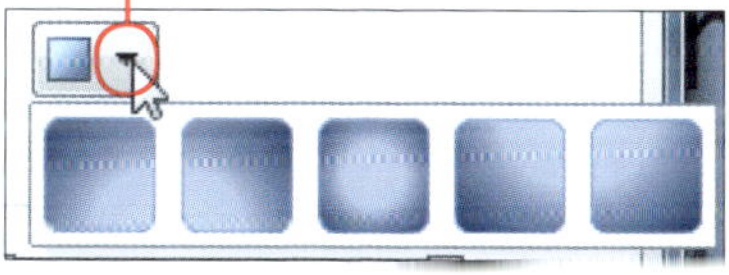

Anschließend können Sie in der Liste mit einem Mausklick festlegen, welcher Teil der Folie radial aufgehellt werden soll.

5 Nun haben Sie einen farbigen Hintergrund, bei dem die ausgewählte Hintergrundfarbe in eine kreisförmige weiße Fläche verläuft. Die Größe dieser Fläche können Sie mit dem Schieberegler

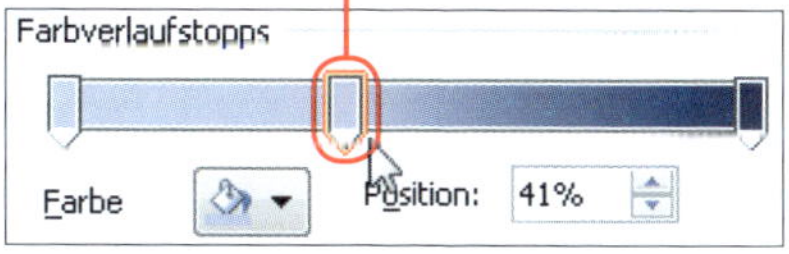

bestimmen. Klicken Sie ihn einfach an, halten Sie die Maustaste gedrückt, und ziehen Sie den Regler mit weiterhin gedrückter Maustaste in die gewünschte Richtung. Auch hier können Sie den Effekt unmittelbar auf der aktiven Folie beobachten.

6 Analog dazu können Sie auch die Intensität der Hintergrundfarbe beeinflussen. Dabei hilft Ihnen der „Transparenz-Schieberegler", den Sie genauso bedienen, wie es im vorigen Schritt beim Farbverlauf gezeigt wurde: .

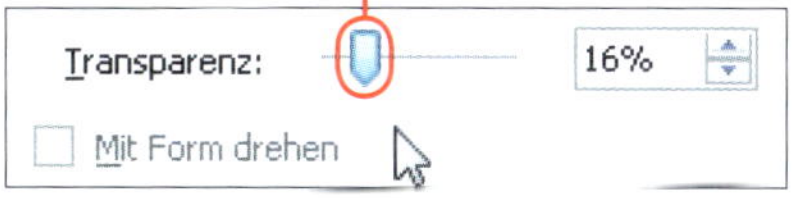

7 Gut möglich, dass ein Hintergrund, bei dem lediglich eine Farbe ins Weiße verläuft, nicht unbedingt Ihren Vorstellungen von einem farbenfrohen Design entspricht. Daher haben Sie auch die Möglichkeit, nach einem Mausklick auf

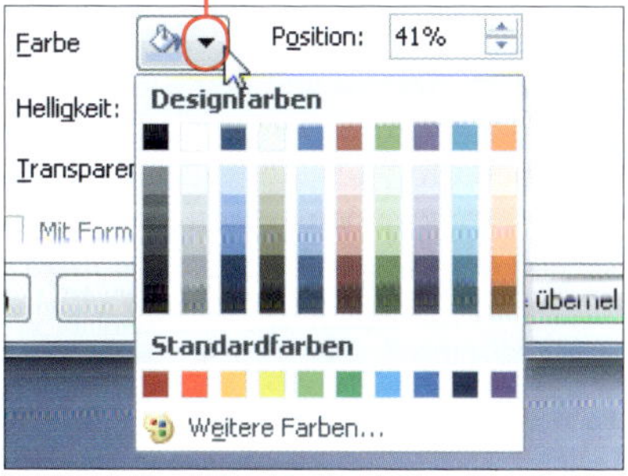

im daraufhin geöffneten Auswahlfenster eine weitere Farbe festzulegen.

8 Und falls das immer noch nicht ausreichen sollte, können Sie sogar eine weitere Farbe hinzufügen. Klicken Sie dazu als Erstes auf ●,

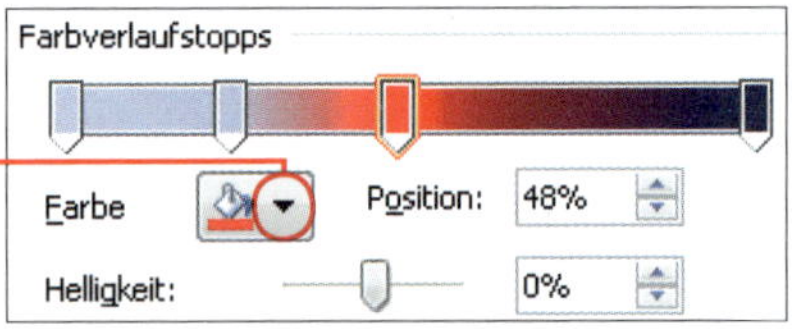

und wählen Sie abermals mit einem Mausklick auf ● eine zusätzliche Farbe aus.

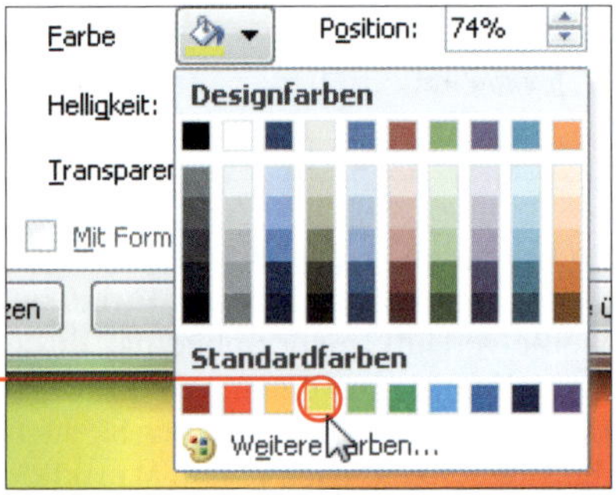

9 Jede dieser Farben können Sie nun einzeln in Position und Transparenz gewichten. Wie Sie gesehen haben, kam mit jeder weiteren Farbe ein weiterer Schieberegler auf der Verlaufsskala hinzu. Um etwa den Verlauf und die Intensität der zweiten Farbe zu modifizieren, klicken Sie auf den der zweiten Farbe zugeordneten Regler, hier ●.

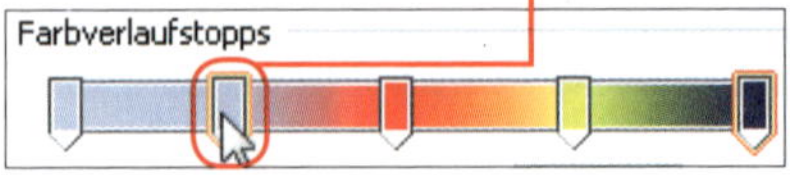

PowerPoint zeigt Ihnen stets automatisch an, welcher Regler welcher Farbe zugeordnet ist: Lassen Sie einfach den Mauszeiger einen Augenblick auf dem jeweiligen Regler ruhen: ●.

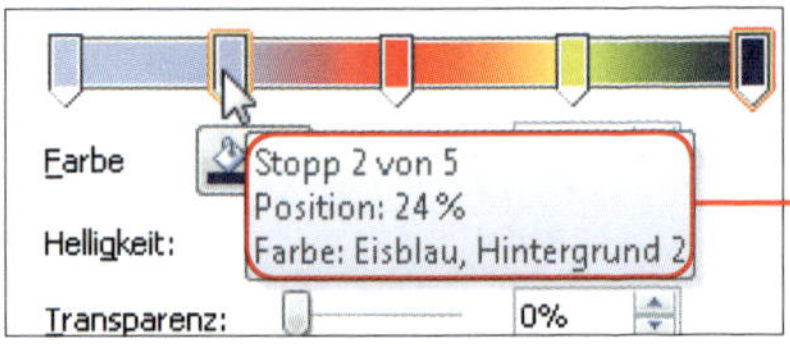

10 Natürlich bedarf es einiger Geduld, bis drei Farben so aufeinander abgestimmt sind, dass die Präsentation einen harmonischen Eindruck hinterlässt. Wenn Sie mit dem erzielten Ergebnis zufrieden sind, schließen Sie das Fenster „Hintergrund formatieren" mit je einem Klick auf

und auf die Schaltfläche

.

Im Beispielfall sieht die so manipulierte bunte Präsentation anschließend wie folgt aus:

Strukturen als Hintergrund

Nicht jedem reicht ein farbenfroher Hintergrund, wie Sie ihn soeben erstellt haben. Wer's noch origineller mag, kann auch einen raffiniert strukturierten Hintergrund wählen. Und so geht's:

1 Um einen etwas lebendigeren Hintergrund zu schaffen, wiederholen Sie Schritt 1 des vorigen Abschnitts, klicken im dann geöffneten Fenster „Hintergrund formatieren" aber auf den Eintrag ●.

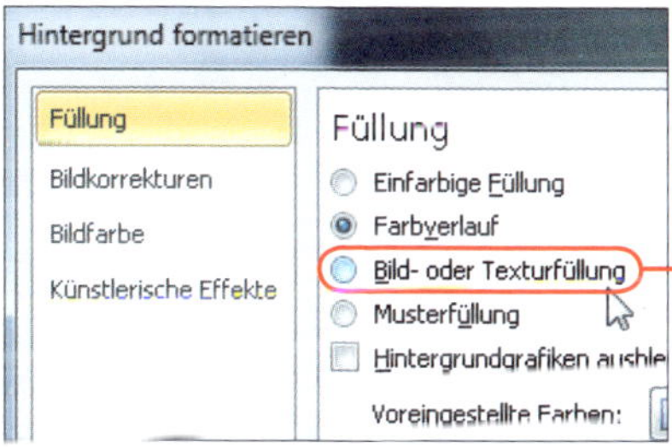

2 Als Nächstes klicken Sie neben dem Textur-**Symbol** auf den Pfeil ●

und in der daraufhin aufklappenden Liste auf die von Ihnen gewünschte Hintergrundstruktur, beispielsweise ●.

3 Sofern das Muster als Hintergrund für alle Folien gelten soll, genügt ein Mausklick auf die Schaltfläche

.

Mit einem letzten Klick auf

beenden Sie die gewünschte Einstellung. Im Beispiel sieht die Präsentation jetzt wie folgt aus:

Grafiken als Hintergrund

Schließlich bietet Ihnen PowerPoint 2010 noch die Möglichkeit, Präsentationen mit Grafiken oder Fotos im Hintergrund etwas aufzulockern. Das mag für komplette Präsentationen zwar weniger geeignet sein, da sich der Betrachter dann schnell von den Inhalten ablenken lässt. Für eine Titelfolie allerdings lässt sich damit durchaus ein netter Akzent setzen.

1 Wenn Sie eine Grafik als Hintergrundbild für Ihre Titelfolie einbinden wollen, wechseln Sie zunächst zur Ansicht dieser Folie und wiederholen dann Schritt 1 auf Seite 54. Im Fenster „Hintergrund formatieren“ klicken Sie abermals auf die Option ●,

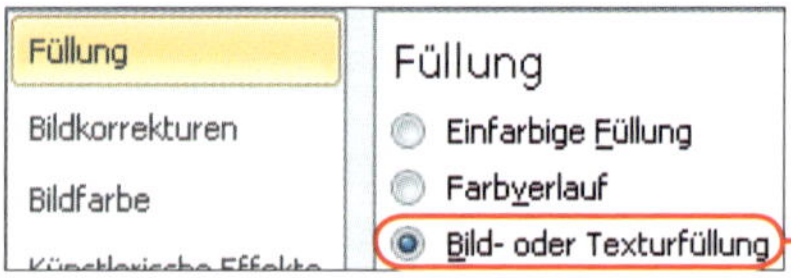

danach aber auf die Schaltfläche ●.

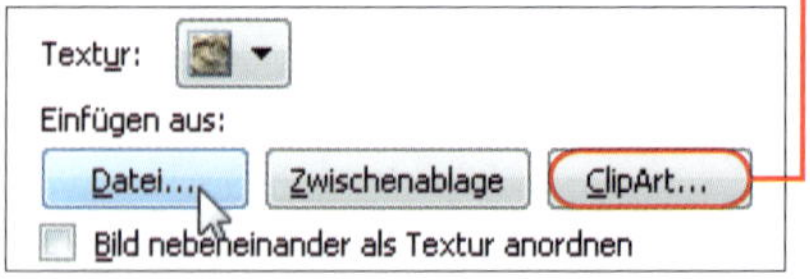

Nach kurzer Wartezeit bietet Ihnen PowerPoint eine reiche Auswahl von vorgefertigten und mitgelieferten Grafiken - sogenannten **ClipArts** - an. ClipArts sind kleine Grafiken, die bestimmte Themenbereiche mit Symbolen verdeutlichen sollen.

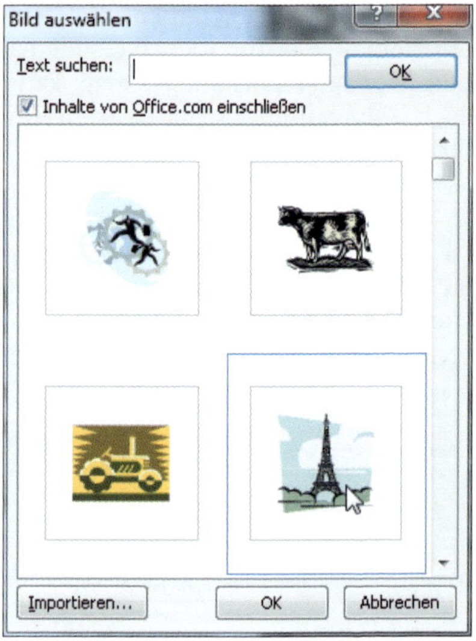

2 Da nicht sämtliche Grafiken ins Fenster passen, nutzen Sie wie gewohnt die **Bildlaufleiste** am rechten Rand. Klicken Sie auf den Rollbalken ●,

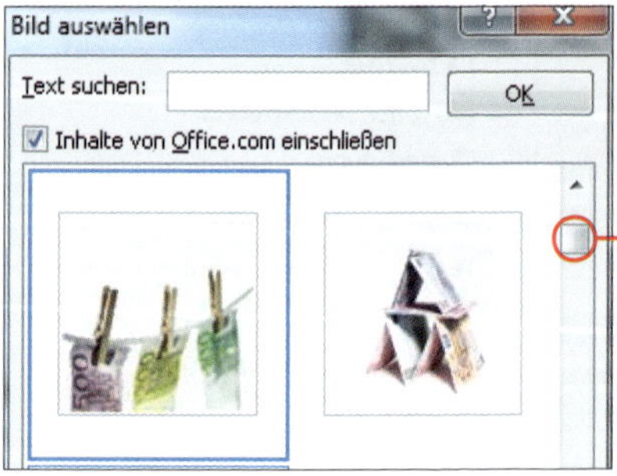

halten Sie die Maustaste gedrückt, und

ziehen Sie den Balken mit weiterhin gedrückter Maustaste nach unten, sodass auch die gerade nicht sichtbaren Grafiken ins Blickfeld kommen. Wenn Sie eine Grafik gefunden haben, die zu Ihrer Präsentation passt, etwa ●,

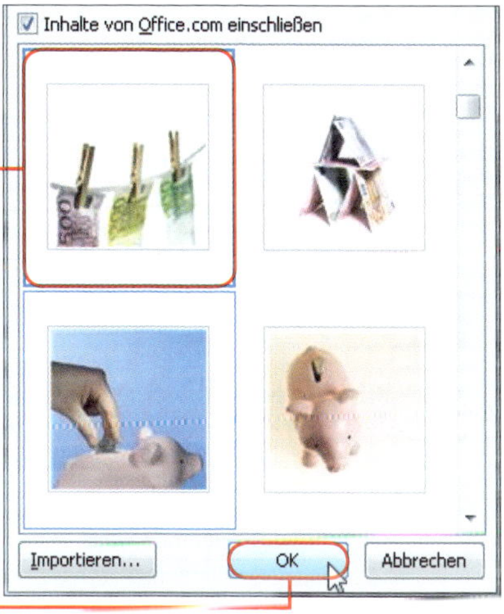

brauchen Sie Ihre Wahl nur per Klick auf ● zu bestätigen.

3 Die ausgewählte Grafik wird daraufhin als Hintergrund in die betreffende Folie übernommen.

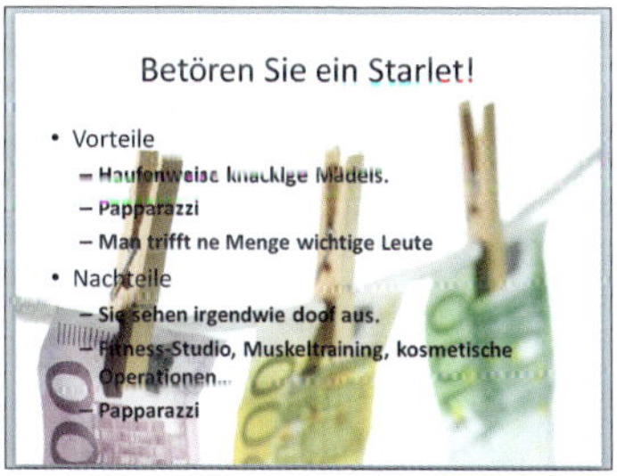

Nun fehlt nur noch ein Mausklick auf

,

damit das Dialogfenster geschlossen wird.

Fotos als Hintergrund

Nicht nur vorgefertigte Grafiken, sondern auch eigene Digitalfotos lassen sich ganz einfach als Hintergrund für Ihre Präsentation einbinden.

1 Dazu wiederholen Sie erneut Schritt 1 von Seite 54, markieren im Fenster „Hintergrund formatieren“ ein weiteres Mal die Option ●, klicken dann jedoch auf die Schaltfläche ●.

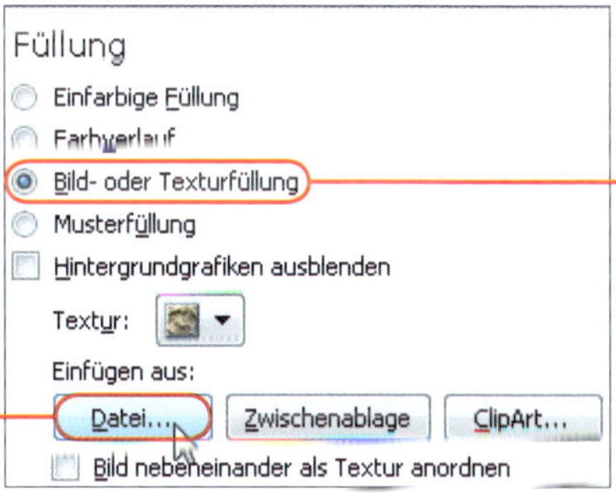

2 Daraufhin öffnet PowerPoint ein Explorer-Fenster, über das Sie Zugriff auf alle Bilddateien haben, die sich auf Ihrem PC befinden. Suchen Sie hier eine eigene Grafik oder eine digitale Fotografie aus, die zu Ihrer Präsentation passt, markieren Sie sie mit einem Mausklick, im Beispiel ●,

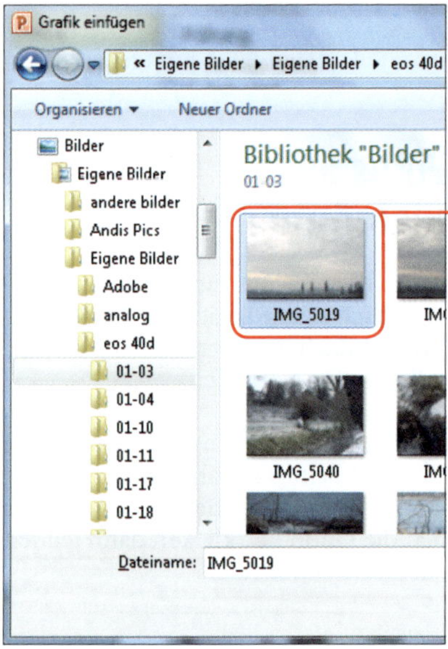

und klicken Sie auf den Befehl

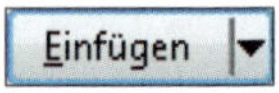

.

3 Abermals sehen Sie unmittelbar danach das Ergebnis.

Um das Bild als Folienhintergrund zu übernehmen, genügt ein Mausklick auf die Schaltfläche

.

6 Neue Elemente für Ihre Präsentationen

Nachdem Sie nun alle wichtigen Grundlagen der Präsentationsgestaltung kennen, ist es an der Zeit, auch ein paar besondere Schmuck- oder Informationselemente in Ihre **Präsentation** einzubauen. Wie nicht anders zu erwarten, stellt PowerPoint Ihnen auch in dieser Hinsicht eine große Anzahl von Werkzeugen und Hilfsmitteln zur Verfügung, mit denen Sie Ihre Präsentation optisch und inhaltlich anreichern können. Egal, ob ein besonderer Schriftzug, eine originelle Grafik, eine nützliche Tabelle oder ein auffälliges Diagramm: Alles trägt dazu bei, Ihre Präsentation aufzuwerten.

Im sechsten Kapitel dieses Buches erfahren Sie,

- wie Sie Überschriften mit WordArt gestalten können,
- wie Sie **ClipArts** und Grafiken in Ihren Präsentationen einsetzen
- und welche Möglichkeiten PowerPoint Ihnen bietet, um Tabellen und **Diagramme** zu nutzen.

Kapitel-Wegweiser

WordArt nutzen

Am Ende des vorigen Kapitels haben Sie ein digitales Foto als Hintergrund der ersten **Folie** Ihrer Präsentation eingebunden. Die abgebildete Landschaft sollte symbolisch darstellen, weshalb ein Mensch eigentlich reich und berühmt werden will: um sich nämlich in genauso einer Gegend niederlassen zu können. Leider wirkt die schwarze Überschrift vor den dezenten Farben des Fotos einigermaßen trist. Um dies zu korrigieren, können Sie das Hilfsprogramm „WordArt“ nutzen, das nicht nur in PowerPoint, sondern auch für alle anderen Programme von Microsoft Office zur Verfügung steht.

1 Um das Hilfsprogramm WordArt in PowerPoint zu starten, lassen Sie zunächst die betreffende Folie Ihrer Präsentation anzeigen, klicken dann im **Menüband** auf

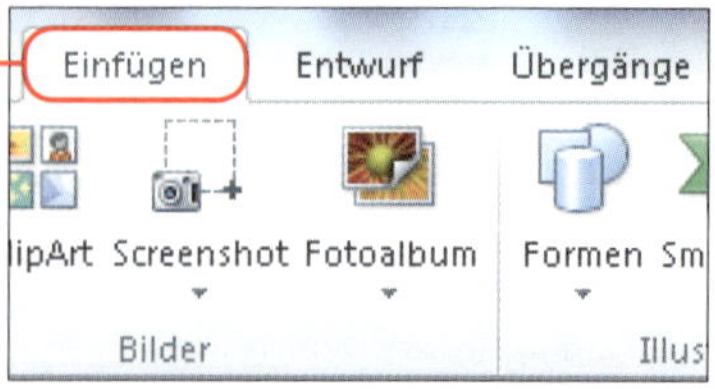

und anschließend auf das Symbol .

2 Daraufhin öffnet sich ein Fenster, in dem Ihnen verschiedene Schriftmuster zur Auswahl angeboten werden. Klicken Sie einfach ein Schriftmuster an, das Ihnen gefällt, im Beispiel .

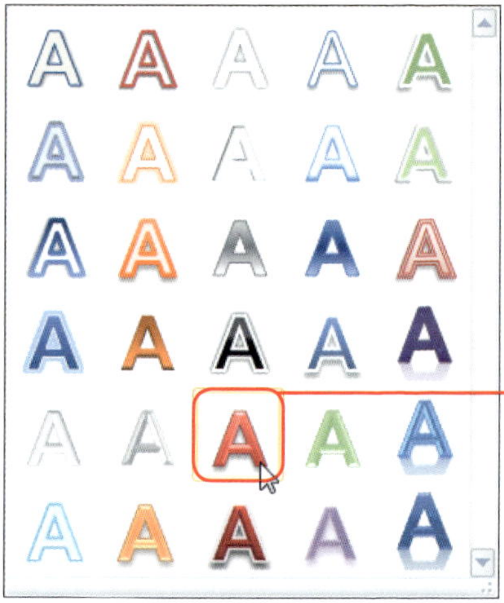

Damit schließt sich das Auswahlfenster, und Sie finden einen Platzhaltertext auf der aktuell angezeigten Folie: .

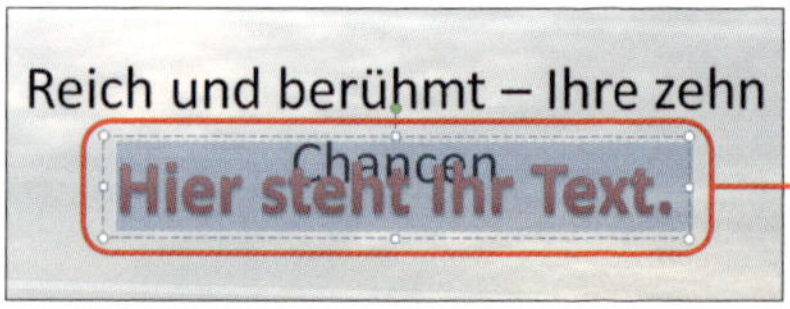

3 Als Nächstes klicken Sie auf den Platzhaltertext „Hier steht Ihr Text“, markieren ihn mit gedrückter linker Maustaste und tippen dann die Überschrift

Ihrer ersten Folie ein, beispielsweise ●.

4 Wie Sie sehen, erscheint Ihr Text zwar vollständig im neuen Textfeld, das Fenster ist aber offensichtlich zu schmal für den eingegebenen Text. Um den nötigen Platz zu schaffen, positionieren Sie den Mauszeiger auf einem der kleinen Quadrate, die sich am rechten und linken Rand des Textfeldes befinden. Der Mauszeiger verändert sich daraufhin in einen Doppelpfeil: ●.

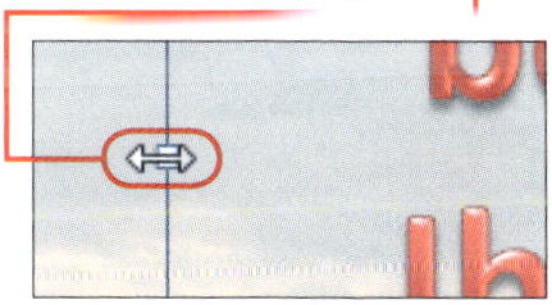

Wenn Sie jetzt klicken und die Maustaste gedrückt halten, können Sie das Textfeld nach Belieben größer ziehen.

5 Es ist gut möglich, dass Sie das Textfeld dabei über die Präsentationsfolie hinaus erweitern. Das lässt sich leicht korrigieren, indem Sie den Mauszeiger auf eine beliebige Stelle am Rand des Textfeldes setzen. Abermals ändert der Mauszeiger seine Form und sieht jetzt aus wie ein vierstrahliger Pfeil: ●.

Nun können Sie das Textfeld mit gedrückter linker Maustaste an seinen optimalen Platz schieben.

! Alte Folienüberschrift entfernen

Wenn Sie eine WordArt-Überschrift einfügen, kann es gut sein, dass die alte Überschrift der Folie stört. Um diese alte Überschrift zu entfernen, schieben Sie das WordArt-Textfeld ●

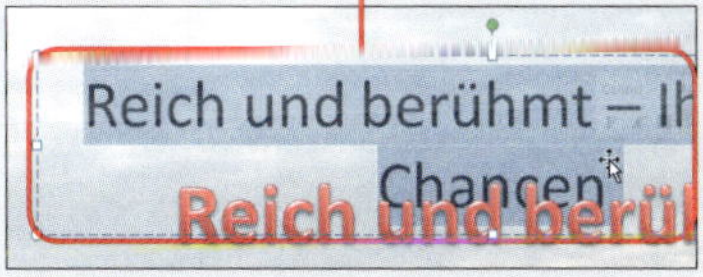

mit gedrückter linker Maustaste beiseite, wie in Schritt 5 der nebenstehenden Anleitung gezeigt. Klicken Sie dann auf die Folienüberschrift, die entfernt werden soll, halten Sie die Maustaste gedrückt, und ziehen Sie eine **Markierung** über den ursprünglichen Text. Lassen Sie dann die Maustaste los, und drücken Sie einfach die Entf-Taste. Anschließend schieben Sie das WordArt-Feld an seine korrekte Position.

Ein Schriftelement effektvoll formatieren

Jedes eingetippte Schriftelement können Sie nach Belieben mit Zeicheneffekten **formatieren**. So lässt sich ein beliebiger Schriftzug in einer Folie markieren, grafisch hervorheben und zu einer WordArt-Schrift wandeln.

1 Wenn Sie einen Text in einer Folie eingeben, können Sie erkennen, dass das Menüband ganz links oben um ein zusätzliches Register ● erweitert wurde. Klicken Sie es an, sehen Sie, dass das Menüband nun weitere Funktionen enthält – etwa die Funktionsgruppe ●.

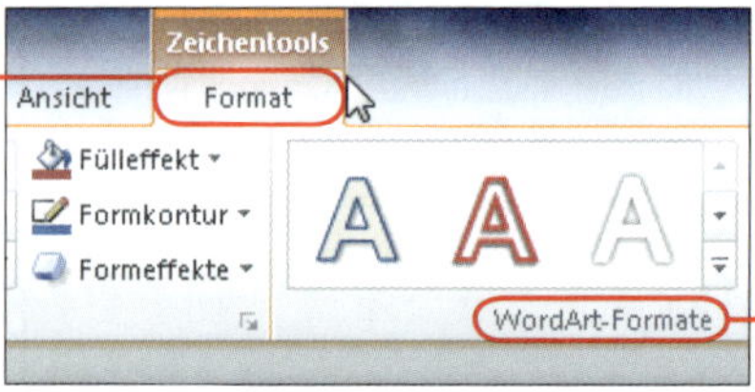

2 Rechts in dieser Gruppe finden Sie drei kleinere Schaltflächen, die es Ihnen erlauben, die Schrift eines markierten Textes nahezu beliebig zu formatieren: ●.

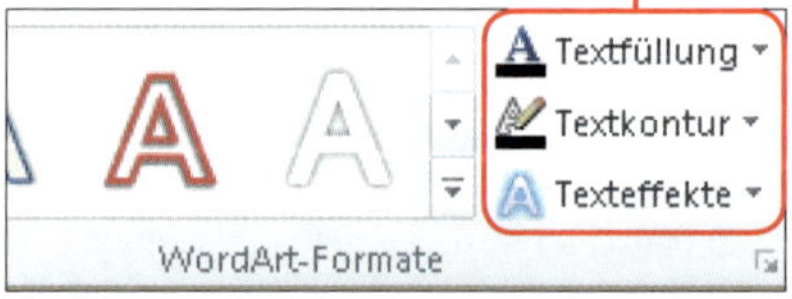

3 Um nun zunächst die Schriftfarbe eines Textes zu ändern, markieren Sie den gesamten Text mit gedrückter linker Maustaste und klicken dann auf die oberste der drei Schaltflächen:

Daraufhin öffnet sich ein Fenster mit diversen Farben.

4 Sollte Ihnen diese Auswahl nicht reichen, klicken Sie im unteren Bereich des Fensters auf die Schaltfläche

.

Anschließend werden Ihnen erheblich mehr Farben zur Auswahl angeboten. Klicken Sie einfach innerhalb der Farbwabe die gewünschte Farbe an, beispielsweise ●,

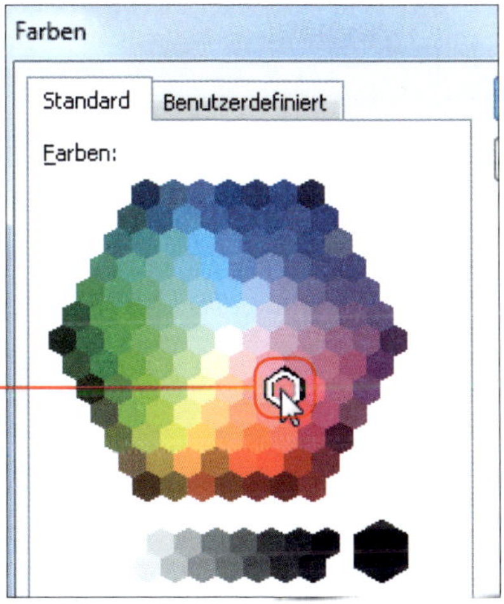

und bestätigen Sie Ihre Wahl per Klick auf ●.

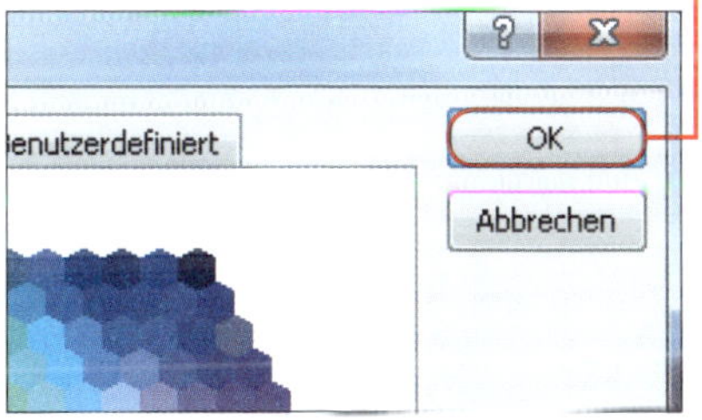

5 Im Farbauswahlfenster, das Sie in Schritt 3 dieser Anleitung geöffnet haben, können Sie einer Farbe auch bestimmte Effekte zuordnen. Klicken Sie dazu auf

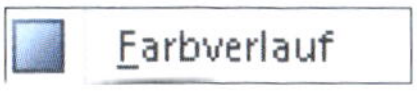

,

und wählen Sie im nun erscheinenden Fenster, welchen Verlauf Ihre Schriftfarbe nehmen soll.

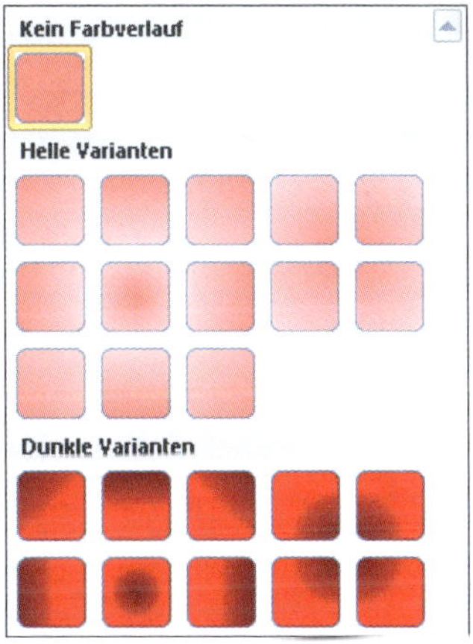

6 Darüber hinaus stellt Ihnen PowerPoint eine Reihe von Texteffekten zur Verfügung. Um Zugriff darauf zu erhalten, klicken Sie im Menüband auf

.

Daraufhin werden Ihnen verschiedene Effekte angeboten. Führen Sie den Mauszeiger auf einen Effekt, um das entsprechende Untermenü zu öffnen, etwa ●.

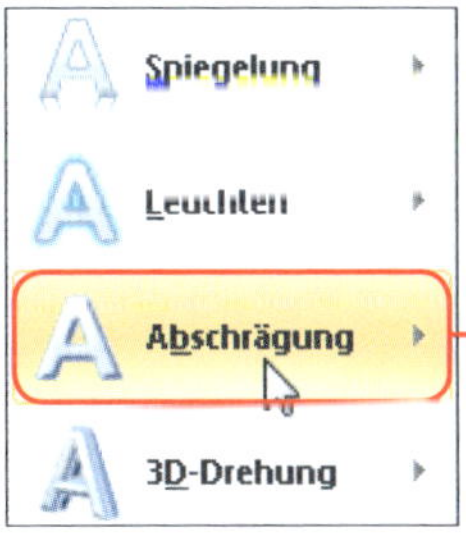

Um jetzt beispielsweise dafür zu sorgen, dass Ihr Text nach unten gespiegelt wird, als stünde er auf einer reflektierenden Oberfläche, klicken Sie auf den Effekt ●.

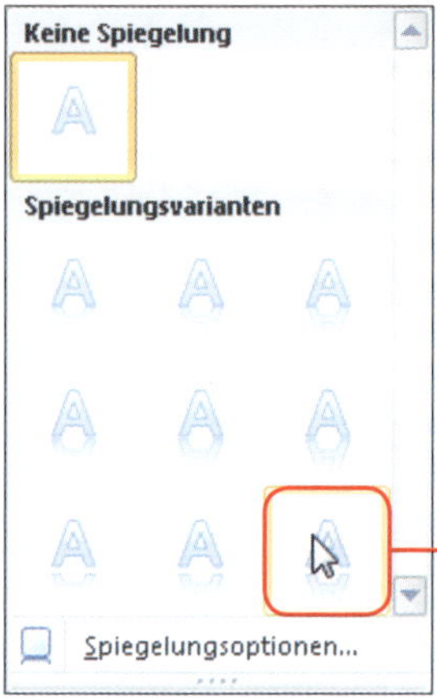

7 Schließlich haben Sie noch die Möglichkeit, die Form des Schriftzugs zu beeinflussen. Klicken Sie hierfür im Texteffekte-Menü auf

.

Im nachfolgenden Fenster sehen Sie, wie viele spektakuläre Überschriftvarianten es gibt. Probieren Sie ruhig verschiedene Kombinationen aus. Um einen Effekt auszuwählen, klicken Sie hierfür den gewünschten Schriftzug einfach an, zum Beispiel ●.

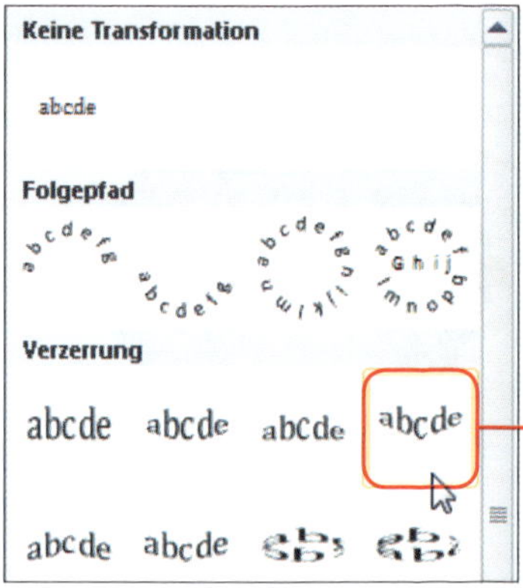

Das Ergebnis ist ein echter Blickfang:

Grafiken in eine Präsentation einbauen

Nicht nur spezielle Schrift- und Farbeffekte geben Ihrer Präsentation einen individuellen Anstrich, sondern auch ausgewählte Grafiken.

1 Um eine vorgefertigte Grafik - ein sogenanntes ClipArt - in eine Präsentationsfolie aufzunehmen, lassen Sie zunächst die Folie anzeigen, in der diese

Grafik auftauchen soll. Dann klicken Sie auf den **Registerreiter**,

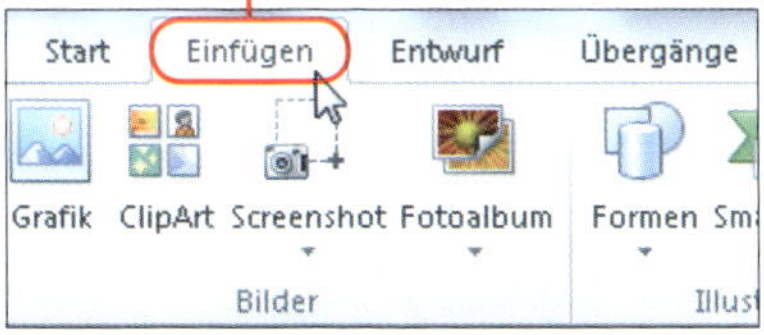

damit das passende Menüband aktiviert wird.

2 Wenn Sie dort direkt unter dem Registerreiter „Einfügen" auf die Schaltfläche „ClipArt"

klicken, öffnet sich am rechten Bildrand ein Auswahlfenster, das sich deutlich von denen unterscheidet, die Sie bisher kennengelernt haben: Im oberen Teil finden Sie zwei Eingabezeilen

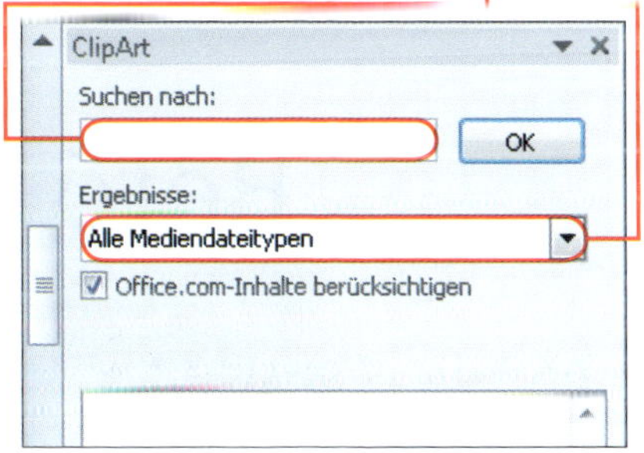

wie in einem Formular. Wichtig ist hier die obere Zeile, denn hier geben Sie ein Stichwort ein, unter dem nach passenden Grafiken gesucht werden soll.

3 Damit Ihnen nun eine passende Auswahl möglicher Grafiken angezeigt wird, klicken Sie einmal kurz auf die obere Eingabezeile, tippen einen Begriff Ihrer Wahl ein, im Beispiel, und bestätigen Ihre Eingabe per Klick auf.

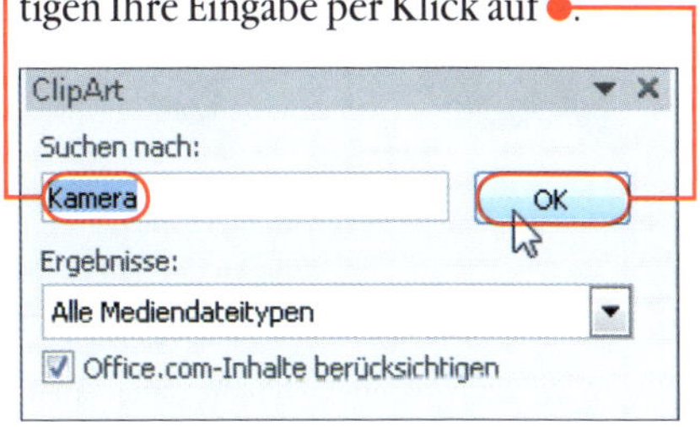

Nach einigen Sekunden tauchen im unteren Bereich des Fensters diverse Grafiken auf. Sollte Ihnen die Wartezeit ungewöhnlich lang vorkommen, so liegt das daran, dass PowerPoint die Grafiken nicht auf Ihrer Festplatte, sondern im Internet einsammelt, und das kann je nach Internetanschluss unterschiedlich lange dauern.

4 Falls mehr als ein Dutzend Bilder gefunden wurden, können Sie den angezeigten Ausschnitt der Sammlung wie gewohnt mit gedrückter Maustaste über die **Bildlaufleiste**

bewegen. Treffen Sie mit einem **Doppelklick** auf ein Bild Ihre Wahl, etwa ●.

Wenn Sie keine weiteren ClipArts in Ihre Präsentation einbinden wollen, schließen Sie das ClipArt-Fenster mit einem Mausklick auf ●.

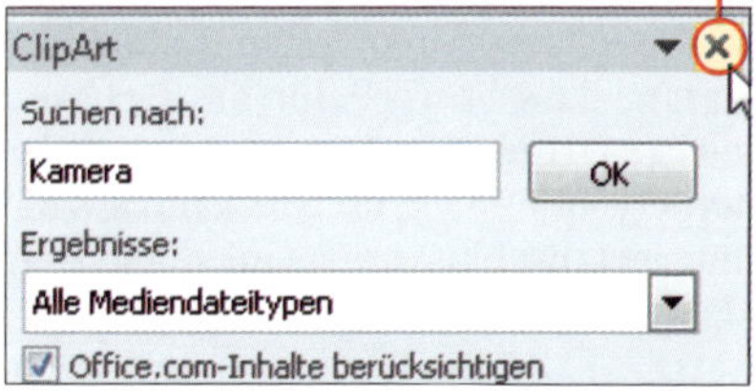

ClipArt-Suche mit Stichwörtern

Das Auswahlfenster für ClipArts eröffnet Ihnen den Zugriff auf eine umfangreiche Sammlung von Mustergrafiken, die Microsoft im Internet anbietet. Das Formular reagiert auf eine erstaunlich große Anzahl von einfachen Begriffen. Sollte der Wortschatz der ClipArt-Sammlung dennoch nicht ausreichen, versuchen Sie es mit einem ähnlichen Wort, das zu der von Ihnen gesuchten Grafik passt.

5 Anschließend erscheint die eingefügte Grafik mitten in der aktuellen Folie: ●.

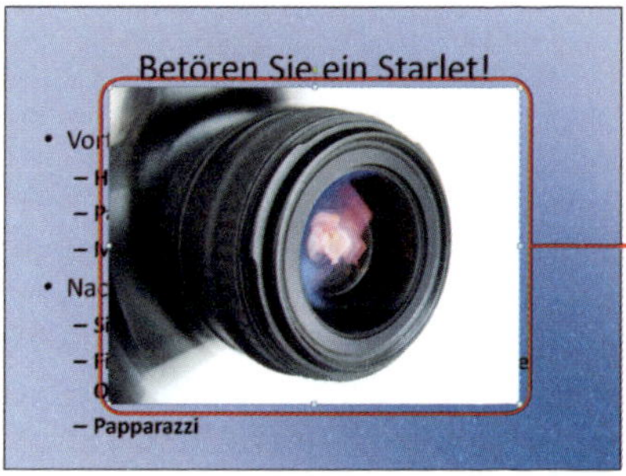

Da gehört sie natürlich nicht hin - und außerdem ist sie im Beispiel viel zu groß, um die gewünschte Wirkung zu erzielen.

6 Abhilfe schafft abermals der **Rahmen**, mit dem die Grafik umgeben ist: Positionieren Sie den Mauszeiger auf einem der Kreise, die sich an den Ecken des Rahmens befinden. Daraufhin wird der Zeiger zu einem diagonalen Doppelpfeil: ●.

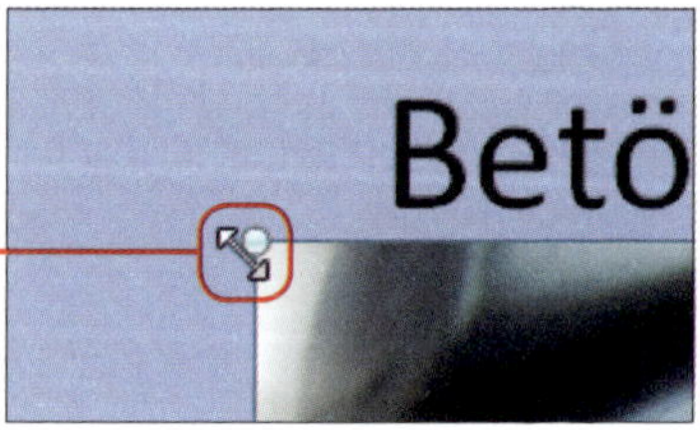

Nun klicken Sie, halten die Maustaste gedrückt und ziehen die Grafik mit weiterhin gedrückter Maustaste auf die gewünschte Größe. Dann lassen Sie die Maustaste los.

7 Über die kleinen Quadrate an den oberen und seitlichen Rändern des Rahmens lässt sich die Größe der Grafik ebenfalls verändern. Der Unterschied: Während die Kreise an den Ecken die Grafik im gleich bleibenden Seitenverhältnis vergrößern, wird die Grafik mithilfe der Quadrate an den Rändern ● gestaucht oder gestreckt.

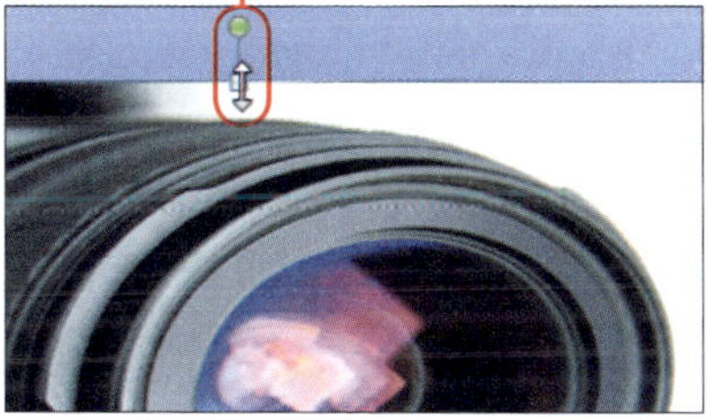

8 Schließlich finden Sie oberhalb der Grafik einen hellgrünen Punkt. Wenn Sie den Mauszeiger darauf setzen, wird er kreisförmig ●

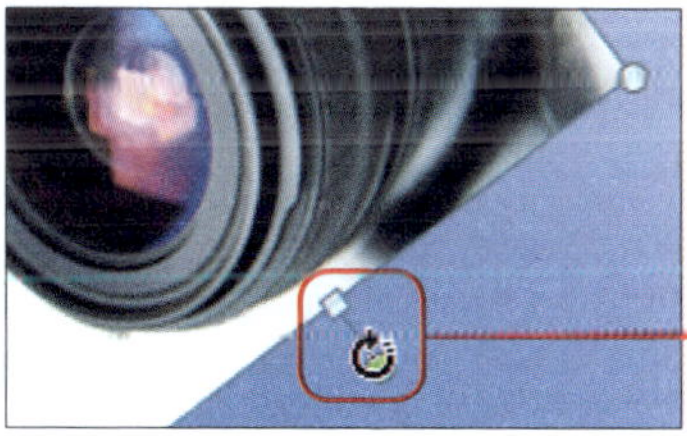

und signalisiert Ihnen damit, dass Sie die Grafik nun durch Bewegen der Maus mit gedrückter Maustaste nach Belieben drehen können.

9 Um jetzt noch dafür zu sorgen, dass die Grafik auf dem rechten Fleck erscheint, positionieren Sie den Mauszeiger einfach an einem beliebigen Punkt innerhalb des Rahmens. Diesmal nimmt der Zeiger eine Kreuzform an: ●.

Nun können Sie die Grafik mit gedrückter linker Maustaste nach Lust und Laune verschieben.

10 Beim Verschieben der Grafik kann es passieren, dass die Grafik einen Teil des Textes Ihrer Präsentationsfolie überdeckt. Doch keine Sorge: Markieren Sie einfach die Grafik mit einem Mausklick, und klicken Sie im Menüband auf den Registerreiter ●.

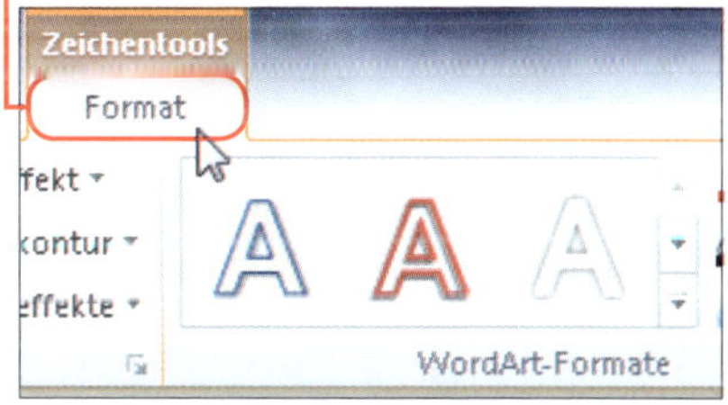

Daraufhin taucht im Menüband die Funktionsgruppe „Anordnen" ● auf

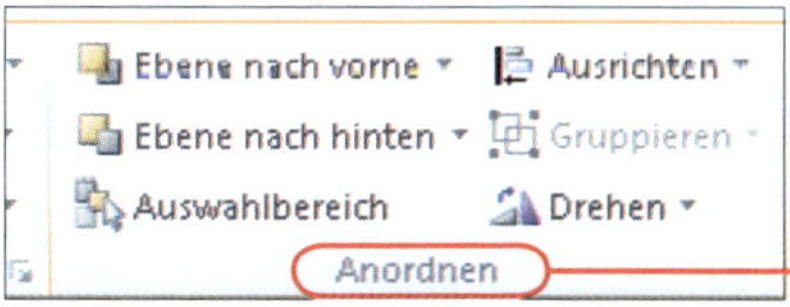

Eigene Grafiken einbinden

Statt Ihre Präsentation mit vorgefertigten Grafiken nachzubessern, können Sie natürlich auch eigene Grafiken verwenden. Dazu klicken Sie im Menüband ● nicht auf „ClipArt“, sondern auf ●.

Anschließend öffnet PowerPoint ein Explorer-Fenster. Hier können Sie unter den Grafiken, die Sie auf Ihrer Festplatte gespeichert haben, eine passende Illustration auswählen, indem Sie die **Datei** mit einem Mausklick markieren, etwa ●,

und die Wahl per Mausklick auf

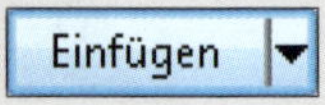

bestätigen.

11 Hier klicken Sie nun einfach auf die Schaltfläche

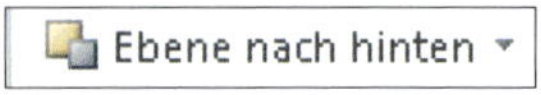

.

Damit veranlassen Sie, dass Ihre Grafik hinter den Text gestellt wird: ●. Jetzt müssen Sie gegebenenfalls nur noch die Farbe der darüber liegenden Schrift anpassen, wie auf Seite 64 gezeigt.

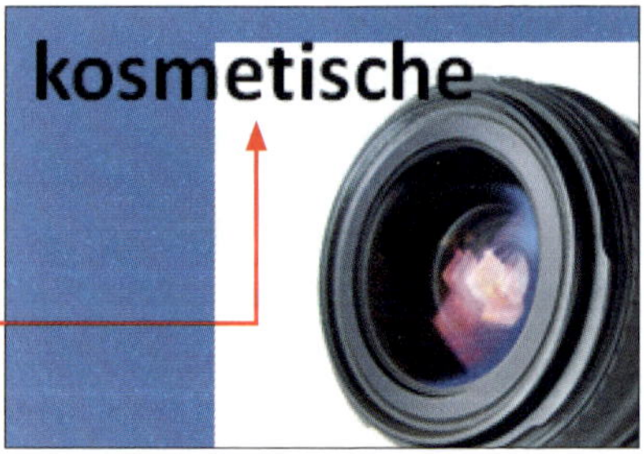

Fakten belegen mit Tabellen

Bekanntlich sagt ein Bild mehr als tausend Worte. Mitunter ist es aber auch praktisch, wenn man die Argumente in einer Präsentation mit harten Fakten belegen kann. Auch dafür ist PowerPoint bestens gerüstet: Mit nur wenigen Mausklicks können Sie Tabellen und Diagramme in Ihre Präsentation aufnehmen.

1 Um eine Tabelle in Ihre Präsentation einzufügen, lassen Sie sich wieder zunächst die Folie anzeigen, die die Tabelle oder das Diagramm aufnehmen soll. Klicken Sie dann auf den Registerreiter

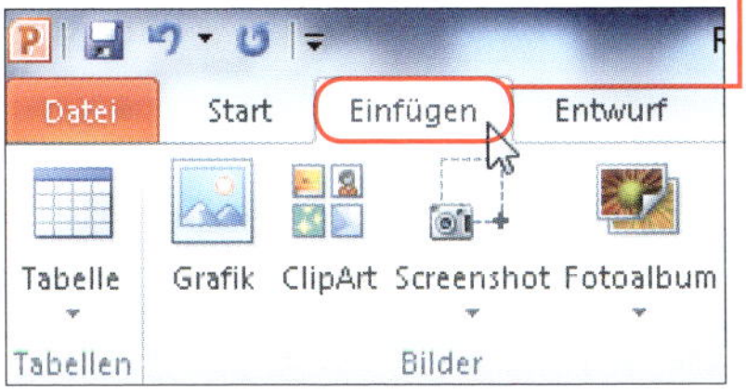

und danach ganz links auf das Symbol .

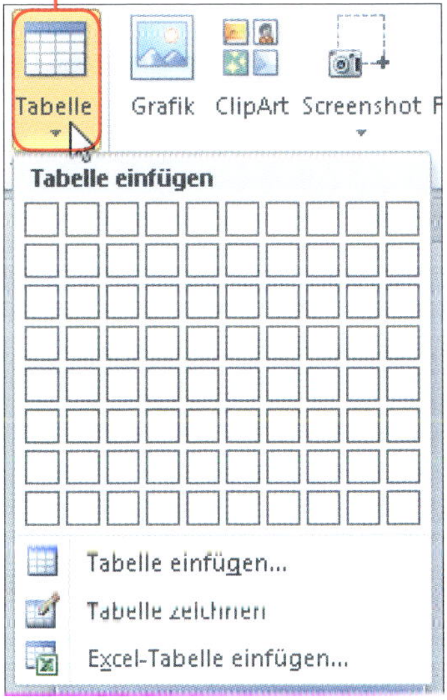

2 Zum Bestimmen der Tabellengröße klicken Sie in der Mustertabelle einfach auf die **Zelle**, die den rechten unteren Rand der Tabelle bilden soll, beispielsweise . Bedenken Sie dabei, dass Sie auch eine Zeile und eine Spalte für Überschriften brauchen. Oben im Auswahlfenster

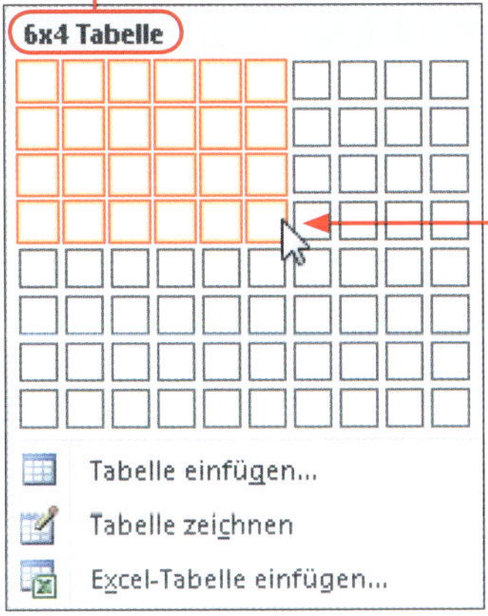

sehen Sie, welche Tabellengröße Sie gerade ausgewählt haben. Wenn Sie die richtige Tabellengröße markiert haben, lassen Sie einfach die Maustaste los. Die neue Tabelle erscheint unmittelbar auf der aktuellen Folie und lässt sich jetzt direkt ausfüllen: .

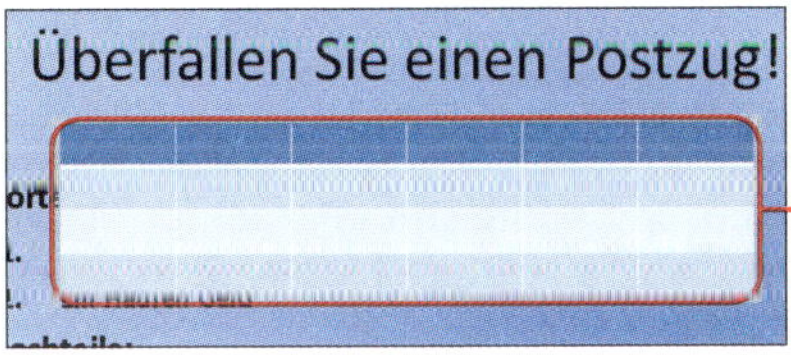

3 In diese Tabelle tragen Sie nun erstmal die notwendigen Daten ein. Dazu klicken Sie einfach in eine Zelle und tippen die entsprechenden Informationen ein, im Beispiel die Städtenamen ●.

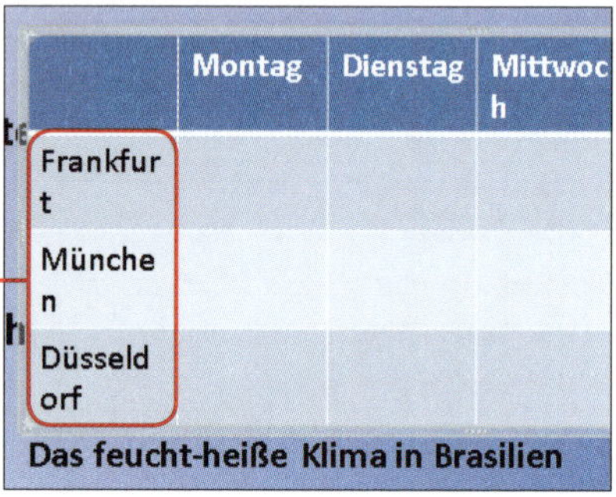

4 Anschließend sorgen Sie dafür, dass die Tabelle an den richtigen Platz kommt und die korrekte Größe hat. Dazu können Sie die Tabelle mit der Maus so verschieben wie in Schritt 9 des vorigen Abschnitts (siehe Seite 69). Platzieren Sie also den Mauszeiger auf dem Rahmen der Tabelle, sodass der Mauszeiger die Kreuzpfeilform ●

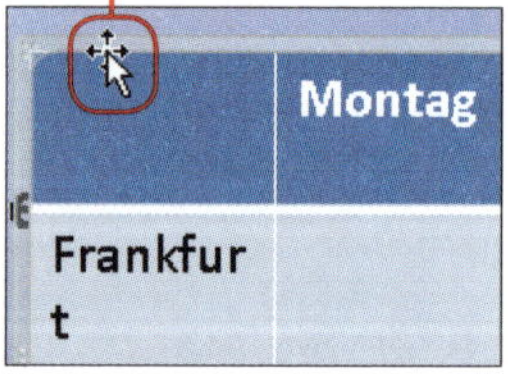

annimmt, und ziehen Sie die Tabelle dann mit weiterhin gedrückter Maustaste an die gewünschte Position.

5 Wie Sie im Beispielfall sehen, hat PowerPoint bei der Texteingabe keinerlei Rücksicht darauf genommen, dass Ihre Texte zu lang für die Zellen der Tabelle sind. Hier müssen Sie von Hand korrigieren, indem Sie den Mauszeiger auf die jeweils rechte Spalte setzen, sodass er sich in einen Doppelpfeil verwandelt: ●.

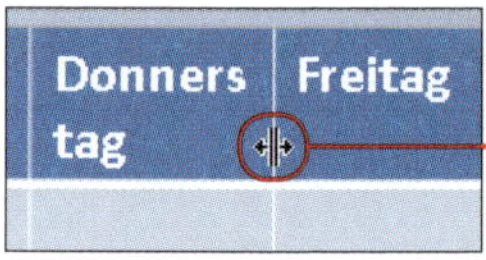

Nun können Sie jede einzelne Spalte mit gedrückter Maustaste auf die passende Größe bringen. Diesen Vorgang müssen Sie für jede Tabellenspalte einzeln wiederholen.

6 Bei dieser Gelegenheit kann sich allerdings herausstellen, dass die Tabelle für die aktuelle Folie etwas zu groß ist. Um dies zu ändern, markieren Sie den gesamten Tabelleninhalt mit gedrückter linker Maustaste und wählen dann eine andere Schriftgröße (siehe Seite 43). Anschließend können Sie die Tabelle verkleinern wie eine Grafik (siehe die Schritte 6 und 7 auf Seite 68/69).

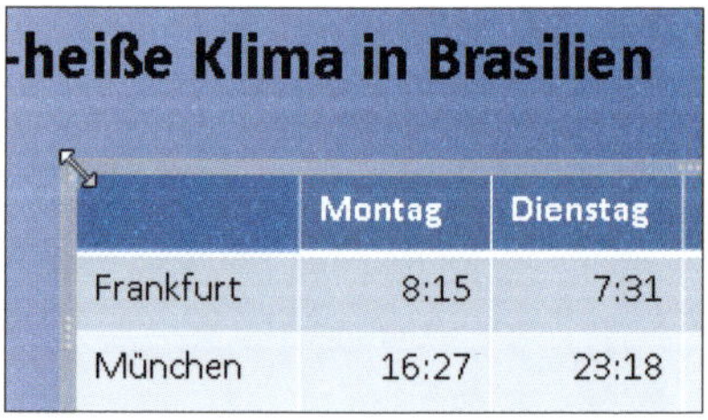

7 Selbstverständlich können Sie Ihre Tabelle auch gestalten: Wenn Sie die Tabelle anklicken, taucht im Menüband auch der neue Registerreiter „Entwurf“ auf.

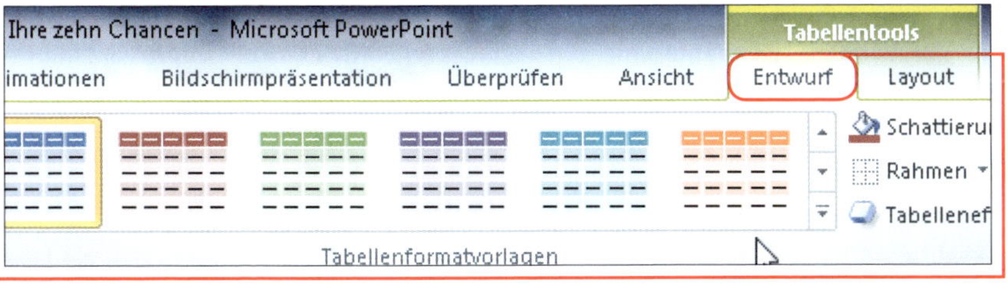

Per Mausklick auf diesen Registerreiter ● erscheint eine Reihe von Formatvorlagen für Ihre Tabelle. Hier können Sie, ebenfalls mit einem einfachen Mausklick, ein passendes Design auswählen.

8 Die im Menüband angezeigten Tabellenformate sind bereits auf das Erscheinungsbild Ihrer Präsentation abgestimmt. Sollte Ihnen die Auswahl nicht genügen, klicken Sie rechts daneben auf den nach unten weisenden Pfeil ●.

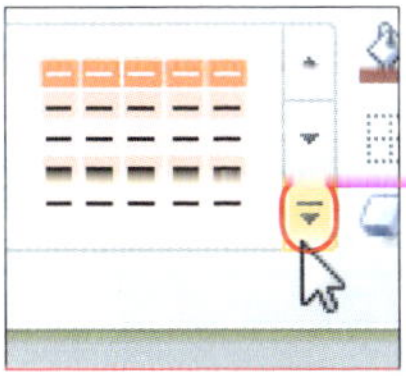

Daraufhin zeigt PowerPoint alle verfügbaren Vorlagen an, aus denen Sie per Klick wieder Ihre Wahl treffen können.

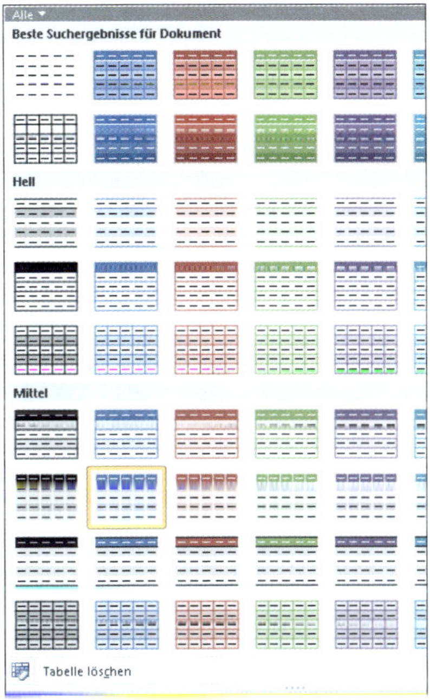

Diagramm in eine Präsentation einfügen

Mit nackten Zahlen lässt sich eine Argumentation zweifellos schon gut untermauern. Noch eindrucksvoller kann es aber sein, wenn Sie die Daten ganz plakativ in einem Diagramm veranschaulichen. Nichts leichter als das:

Diagramm in eine Präsentation einfügen

1 Wieder bringen Sie zunächst die Folie, auf der das Diagramm erscheinen soll, auf die Arbeitsfläche und aktivieren dann das Menüband ●. Diesmal klicken Sie auf die Schaltfläche ●.

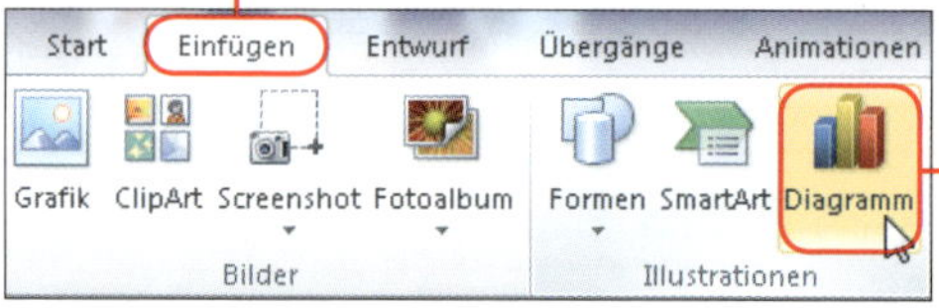

2 Im nachfolgenden Auswahlfenster können Sie eine Diagrammart, etwa ●, und einen Diagrammtyp, beispielsweise ●,

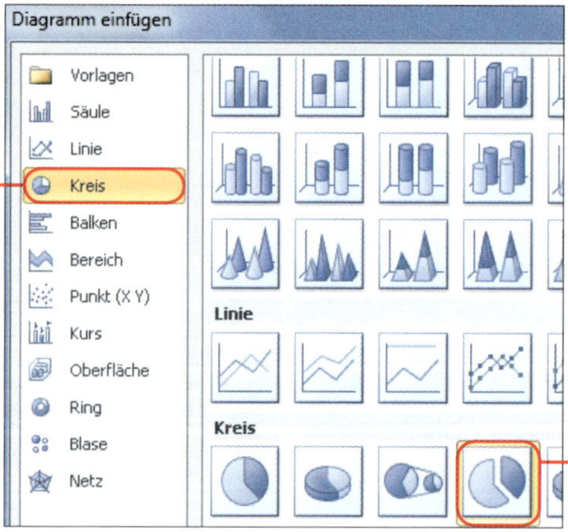

auswählen. Bestätigen Sie Ihre Wahl mit einem Mausklick auf

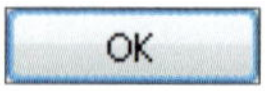

.

3 Kurz darauf wird Ihnen ein völlig neuer Bildschirm präsentiert: PowerPoint hat nun die Tabellenkalkulation **Excel** ● geöffnet, in der Sie Ihre Diagrammdaten eingeben.

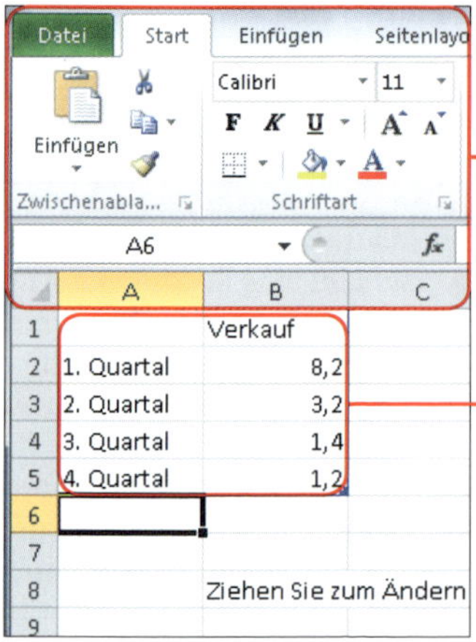

Hierfür wird in Excel eine kleine Tabelle geladen, die dem von Ihnen gewählten Diagrammtyp entspricht. Wenn Sie beispielsweise eine schlichte Tortengrafik gewählt haben, genügen hierfür bereits zwei Spalten, wie Sie in obiger Abbildung sehen: ●.

4 Alles, was Sie nun zu tun haben, ist, in die vorgegebene Tabelle die Daten einzutippen, die zu Ihrer Präsentation passen.

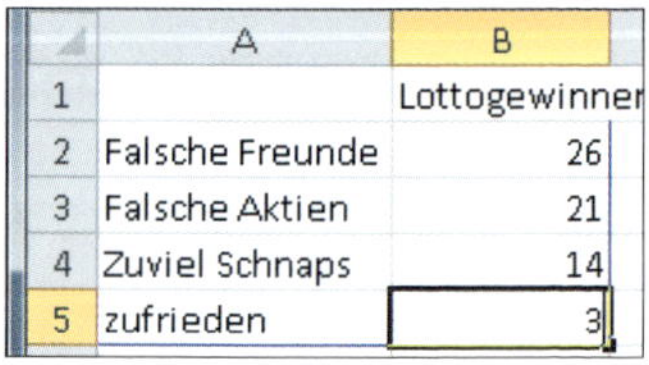

Wenn Sie Excel anschließend mit einem Mausklick auf ●

schließen, hat PowerPoint den Bildschirm wieder für sich allein und überträgt das Diagramm mit den korrekten Zahlen und Beschriftungen mitten auf die aktuelle Folie.

5 Um das Diagramm richtig zu platzieren und in angemessener Größe zu zeigen, wiederholen Sie die Schritte 6 bis 9 auf Seite 68/69.

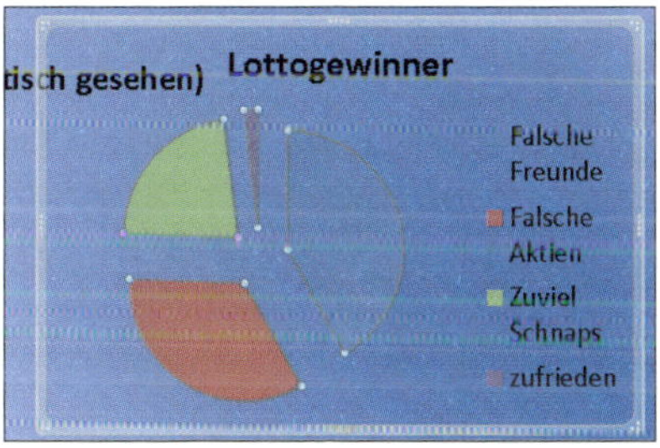

6 Es versteht sich von selbst, dass Sie auch Diagramme beliebig formatieren können. Sobald Sie das Diagramm in der Folie per Klick markiert haben, werden Ihnen im Menüband nach einem Klick auf ● verschiedene Möglichkeiten eröffnet: ●.

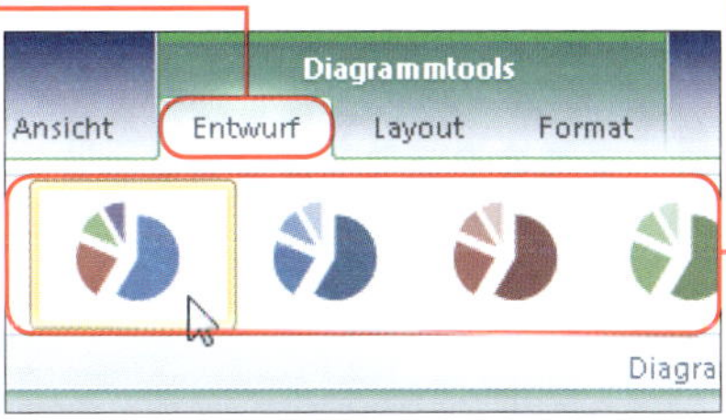

Aber Sie können auch selbst Hand anlegen und mit den verschiedenen Werkzeugen buchstäblich jedes Element verändern, bis Ihr Diagramm ganz Ihren Vorstellungen entspricht. Das funktioniert genauso wie die farbliche Gestaltung von Folienhintergründen (siehe Kapitel 5).

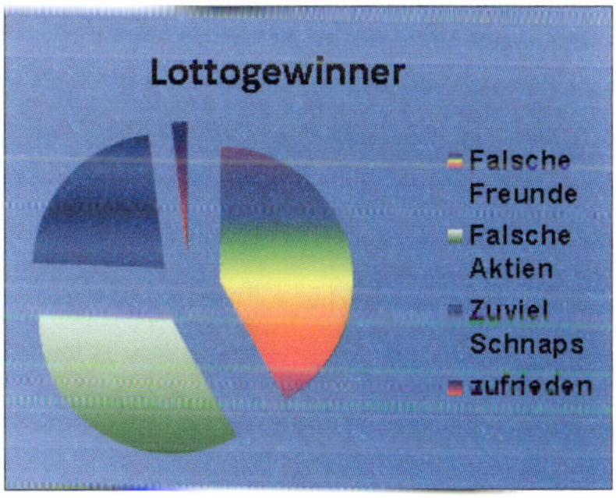

7 Mit Fotos, Musik & Videos Wirkung steigern

Obwohl PowerPoint in erster Linie für professionelle **Präsentationen** im beruflichen Alltag gedacht ist, muss das nicht heißen, dass Sie nicht auch etwas Spaß dabei haben können: PowerPoint 2010 lässt sich ebenso gut für Präsentationen nutzen, die Sie im Freundeskreis zeigen wollen.

Heutzutage gibt es wohl kaum noch einen Haushalt, in dem kein Notebook oder PC verfügbar ist. Und häufig ist der Rechner sogar als eine Art Multimediazentrale fest im Wohnzimmer installiert und mit Stereoanlage und Fernseher verbunden. Klar, dass auch das aktuelle Betriebssystem Windows 7 einen solchen Einsatz unterstützt. Von daher bietet es sich geradezu an, die Multimediafähigkeiten von PowerPoint auch in der Freizeit zu nutzen.

Im siebten Kapitel dieses Buches erfahren Sie,

- welche Möglichkeiten PowerPoint Ihnen zur Präsentation Ihrer Fotos bietet,
- wie Sie Musikstücke in Ihre Präsentationen einbinden können
- und wie Sie Ihre Präsentationen mit Videoclips bereichern.

Kapitel-Wegweiser

Diashow mit PowerPoint

So gut wie jeder fotografiert heutzutage regelmäßig digital. Und wer fotografiert, will seine Bilder meist auch vorzeigen. Um dies zu ermöglichen, bietet PowerPoint 2010 eine umfangreiche Auswahl von Funktionen und Werkzeugen.

1 Um Ihre Digitalfotos schnell und ohne großen Aufwand in eine PowerPoint-Präsentation aufzunehmen, starten Sie einfach das Programm. Wie gewohnt sehen Sie eine leere Präsentationsfolie vor sich: ●.

2 Als Nächstes klicken Sie auf den Registerreiter ● und im daraufhin erscheinenden **Menüband** auf die Schaltfläche ●.

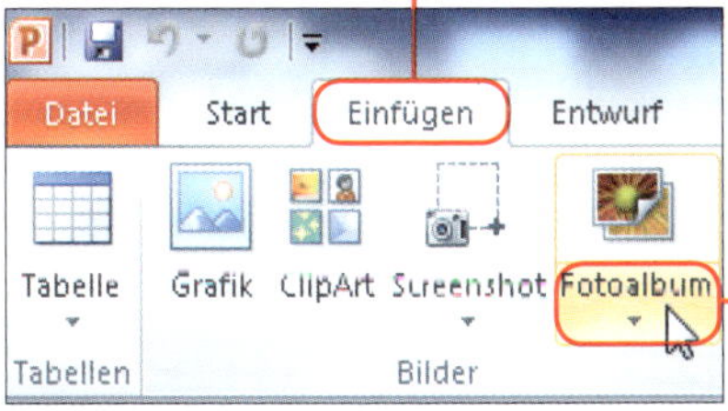

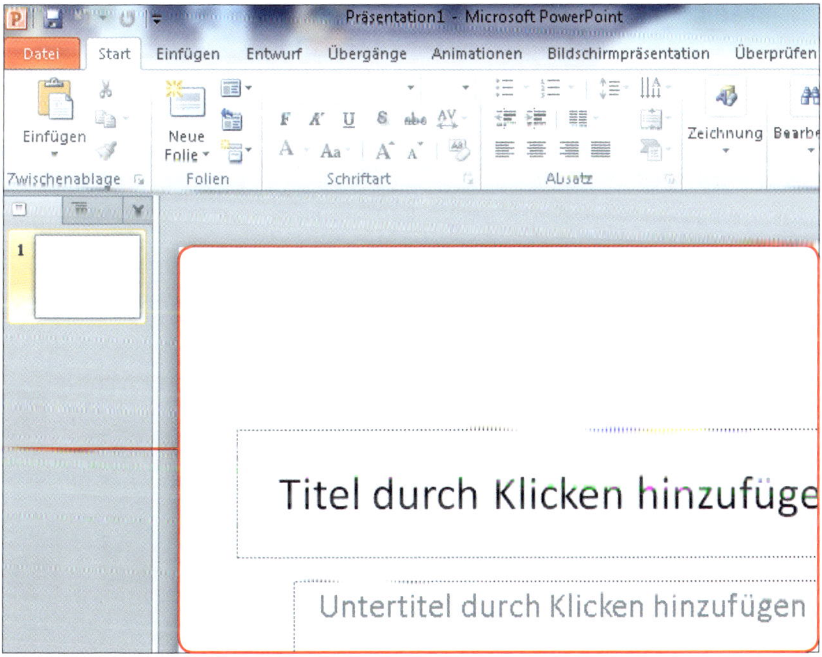

3 Im nachfolgenden Fenster „Fotoalbum“ sind die Bilderliste ● und das unmittelbar rechts davon angezeigte Vorschaufenster ●

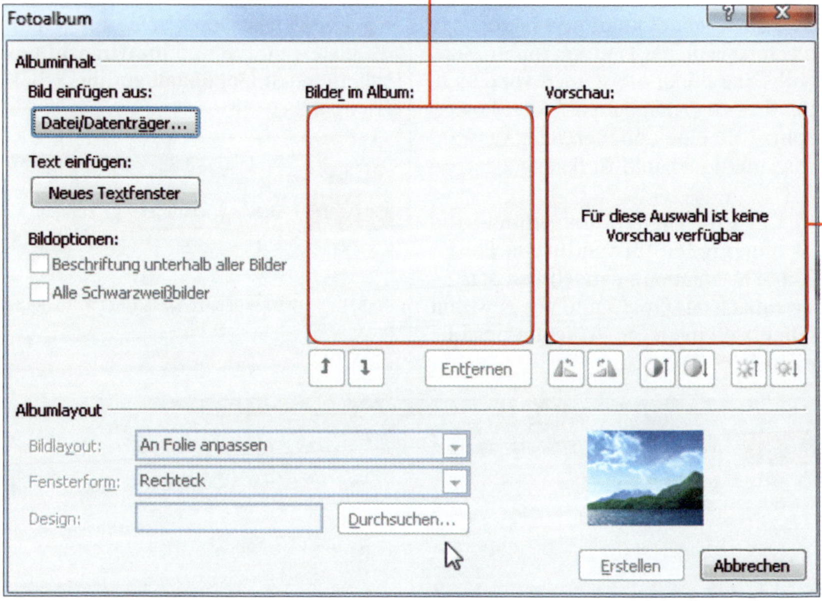

zum jetzigen Zeitpunkt natürlich noch leer, da Sie erst einmal die Fotos für die Diashow aussuchen müssen. Dazu klicken Sie auf ●.

4 Daraufhin öffnet sich wie gewohnt ein Explorer-Fenster, über das Sie Zugriff auf Ihre Bilderordner haben. Hier können Sie nun per Mausklick eine Bilddatei für Ihre Präsentation auswählen, im Beispiel ●.

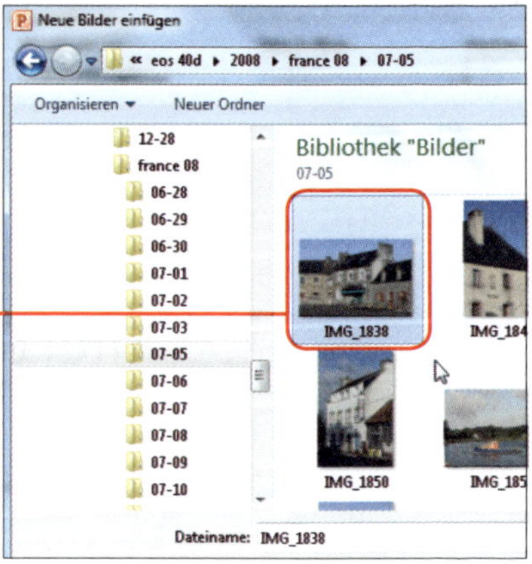

Wenn Sie mehrere Fotos in einem Arbeitsgang auswählen möchten, halten Sie die Strg-Taste gedrückt, während Sie die Bilder nacheinander anklicken.

! Alle Bilder eines Ordners markieren

Sollten Sie es vorziehen, *alle* Fotos aus dem gewählten Verzeichnis in Ihre Präsentation aufzunehmen, halten Sie einfach die Strg-Taste gedrückt, während Sie gleichzeitig die A-Taste drücken. Auf diese Weise markieren Sie sämtliche Bilder im Verzeichnis.

Haben Sie Ihre Wahl getroffen, schließen Sie das Fenster per Klick auf.

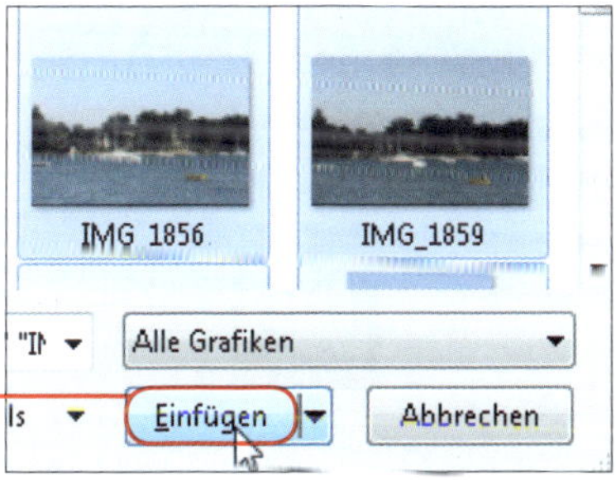

5 Jetzt kommen Sie wieder zum Fenster „Fotoalbum" zurück, in dem Sie sich die ausgewählten Bilder noch einmal anschauen können. Mit einem Mausklick auf einen Dateinamen in der Liste links erhalten Sie im Fenster rechts daneben eine Voransicht des Bildes, im Beispiel.

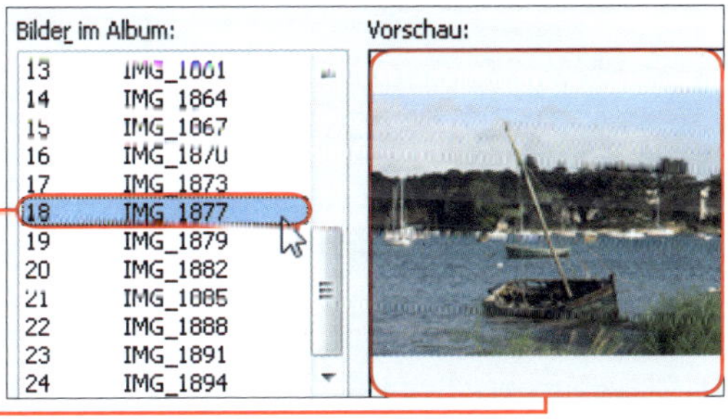

6 Hier haben Sie auch die Möglichkeit, gegebenenfalls noch Änderungen vorzunehmen. Sollte also etwa ein hochformatiges Bild auf der Seite liegen, können Sie das rasch korrigieren: Unter dem Vorschaufenster finden Sie zwei kleine Schaltflächen, mit denen sich das Bild um jeweils 90 Grad drehen lässt: .

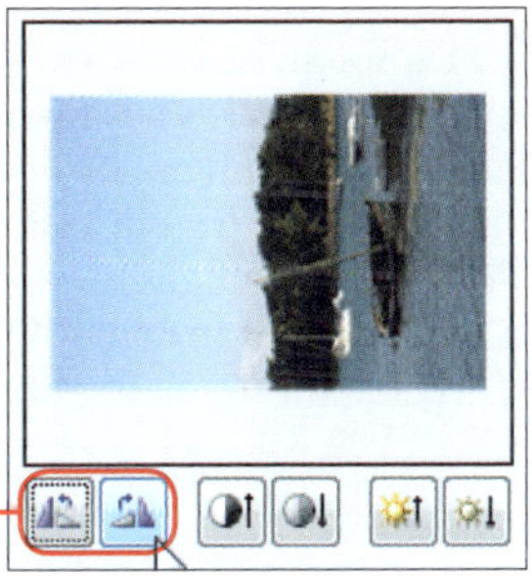

7 Mit den Schaltflächen rechts daneben können Sie den Kontrast und die Helligkeit

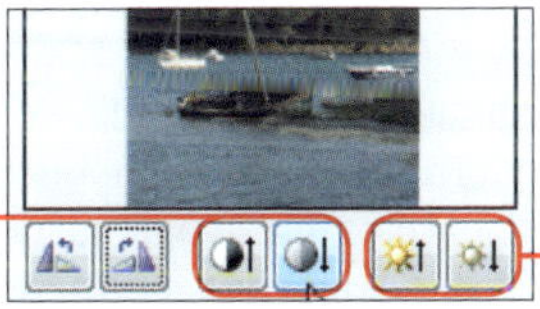

der ausgewählten Bilder beeinflussen. Dabei dürfen Sie ruhig etwas herumprobieren: Die hier vorgenommenen Änderungen wirken sich ausschließlich auf die Bilder Ihrer Präsentation aus. Die Bilddateien selbst, die auf Ihrer Festplatte gespeichert sind, werden davon nicht berührt.

8 Zudem können Sie im Fenster „Fotoalbum" noch das Layout Ihrer Foto-Präsentation bestimmen. In der Standardeinstellung füllt jedes Bild die dazugehörige **Folie** möglichst komplett aus. Das erkennen Sie an dem stilisierten Bild, das rechts im Bereich „Albumlayout" erscheint: ●.

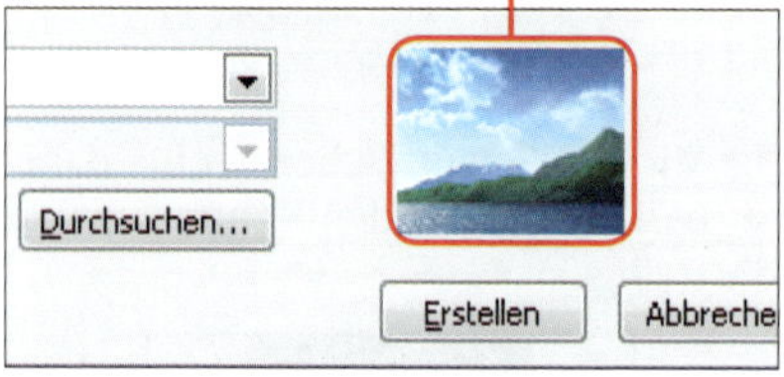

Wenn Sie nun mehrere Bilder auf einer Folie unterbringen möchten, klicken Sie neben dem Feld „Bildlayout" auf den Pfeil ● und in der daraufhin geöffneten Liste auf den gewünschten Eintrag, etwa ●.

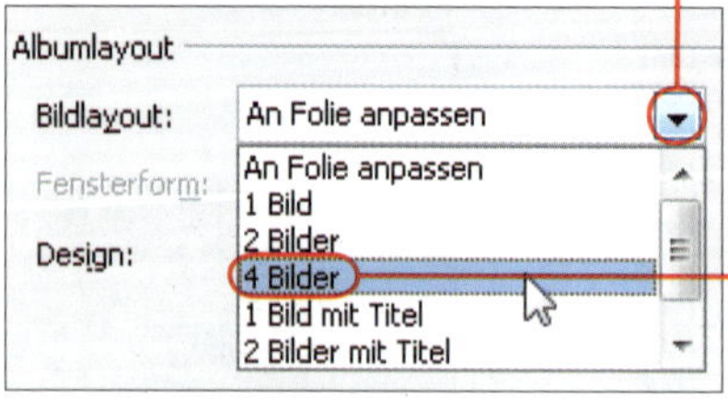

Das Ergebnis erscheint dann schematisch in der Vorschau rechts daneben:

9 Außerdem haben Sie die Möglichkeit, Ihre Bilder mit einem Rahmen zu versehen. Öffnen Sie das Auswahlfeld „Fensterform" mit einem Mausklick auf den Pfeil ●, und treffen Sie Ihre Wahl, beispielsweise ●.

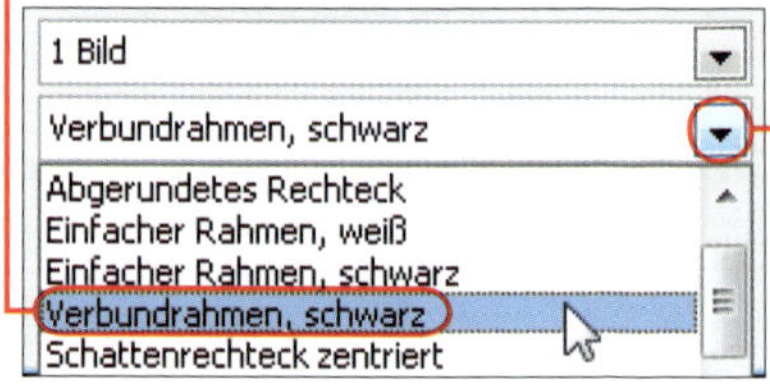

Die Wirkung können Sie in der Vorschau wieder sofort begutachten.

10 Sind Sie mit allen Einstellungen fertig, schließen Sie das Fenster „Fotoalbum" mit einem Klick auf ●.

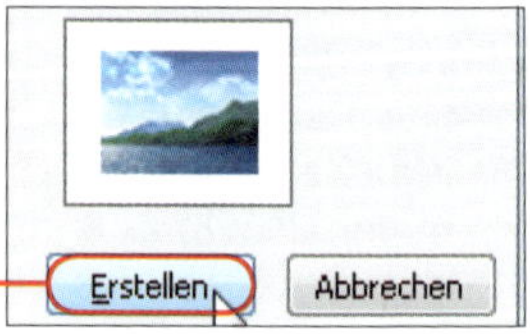

Nach einer kurzen Wartezeit, die davon

abhängig ist, wie viele Fotos Sie ausgewählt haben, öffnet PowerPoint eine neue Präsentation. Auf der Arbeitsfläche von PowerPoint sehen Sie nun sämtliche Folien für das Fotoalbum mit den ausgewählten Bildern ●, die bereits automatisch um eine zusätzliche Titelfolie ergänzt wurden: ●.

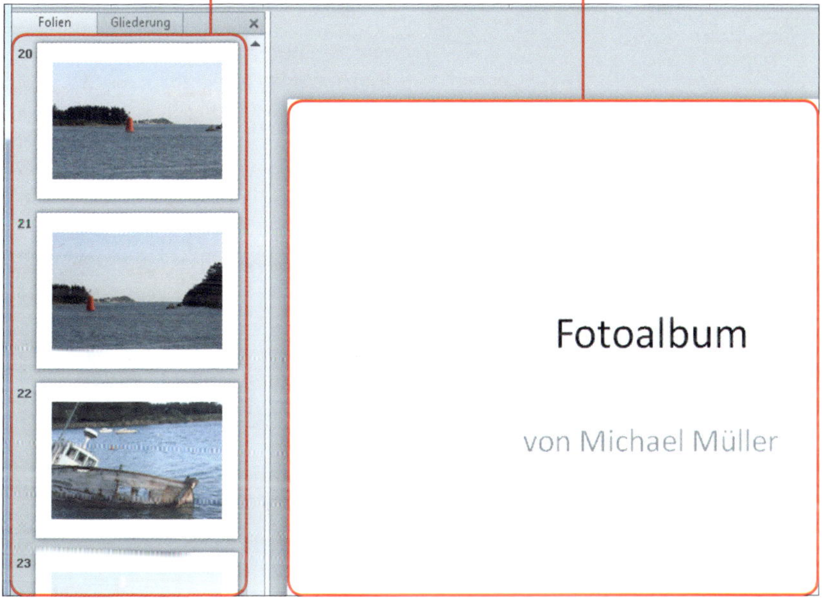

Fotos für Präsentation bearbeiten

Auch wenn die Präsentation jetzt im Prinzip fertig ist, kann es sein, dass Sie einzelne Bilder nachbearbeiten möchten. So ist das Beispielfoto, das Sie hier in der rechten Spalte sehen, zweifellos noch zu optimieren: Das Hochformat sollte geändert und das dargestellte Motiv durch einen gezielten Ausschnitt besser zur Geltung kommen.

1 Um das zu korrigieren, klicken Sie einmal kurz innerhalb der Folie auf das Foto. Daraufhin erscheint oberhalb des Menübands ein neues Register ●.

Ein Mausklick auf den Eintrag ●

schaltet das Menüband um, sodass Sie nun auf ●

klicken können.

2 Anschließend erscheinen einige schwarze Balken und Winkel am Rand Ihres Fotos. Wenn Sie den Mauszeiger auf eines dieser Elemente stellen, verändert er seine Form ●

und signalisiert Ihnen damit, dass Sie das Bild nun mit gedrückter Maustaste in die angezeigte Richtung beschneiden können. Dabei sollten Sie darauf achten, dass das Bild nach dem Beschneiden in etwa das Seitenverhältnis der Präsentationsfolie aufweist: ●.

3 Damit das Bild auf eine Größe gebracht wird, die der Ihrer Folie entspricht, klicken Sie zunächst auf eine beliebige Stelle der Folie außerhalb des Fotos, etwa hier ●,

und anschließend auf das Bild selbst. Jetzt tauchen an den Seiten und Ecken

des Fotos die **Anfasser** ●

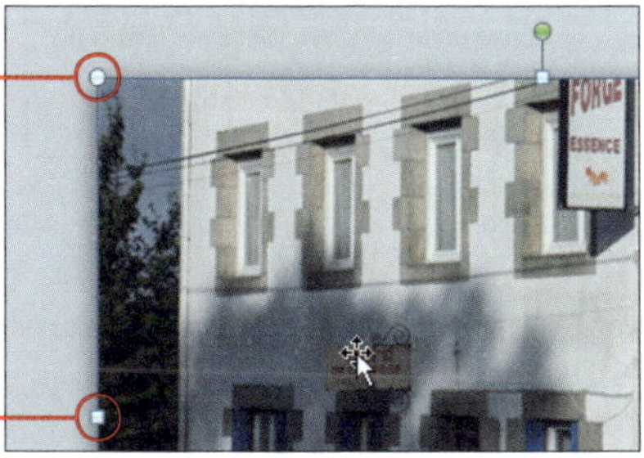

auf, die Sie schon bei der Bearbeitung von **ClipArts** kennengelernt haben. Mit diesen Anfassern können Sie Ihr Foto jetzt - wie auf Seite 68/69 gezeigt - so weit vergrößern, dass es die gesamte Folie abdeckt.

Fotos künstlerisch gestalten

Mit PowerPoint können Sie markierte Fotos über das Bildtools-Menüband auch künstlerisch gestalten. Klicken Sie auf ●, und wählen Sie dann den gewünschten Bildeffekt aus, beispielsweise ●.

PowerPoint-Vorlagen für Fotos nutzen

Unter den fertigen Formatvorlagen, mit denen PowerPoint ausgeliefert wird, befinden sich auch zwei, die sich speziell für die Präsentation von Fotos anbieten: „Klassisches Fotoalbum“ und „Zeitgenössisches Fotoalbum“.

1 Um eine dieser fertigen Formatvorlagen zu nutzen, wiederholen Sie die Schritte 1 bis 3 auf Seite 17/18 und klicken dann im Angebot der installierten Vorlagen auf das Symbol ●.

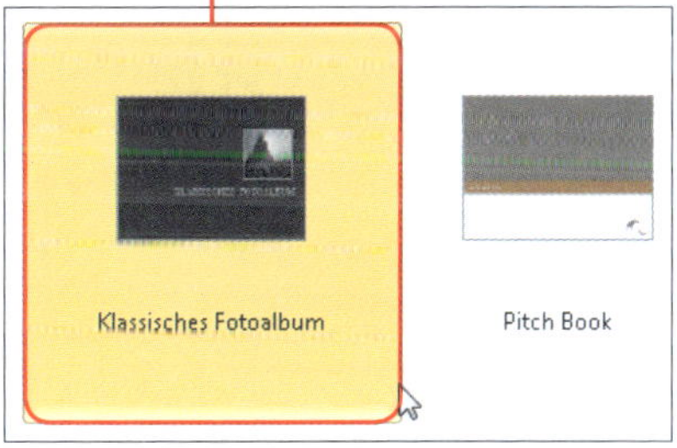

Daraufhin lädt PowerPoint die Vorlage und liefert Ihnen eine Präsentation aus sieben verschiedenen Folien, die bereits mit sehr anspruchsvollen Schwarz-Weiß-Fotos bestückt sind.

2 Wenn Sie nun Ihre eigenen Bilder einbinden möchten, klicken Sie zunächst ein Bild an, etwa ●,

um im Menüband den **Registerreiter** ●

zu aktivieren. Klicken Sie darauf und anschließend auf den Befehl ●.

3 Daraufhin öffnet sich ein Explorer-Fenster, in dem Sie Ihre Bilder auswählen können.

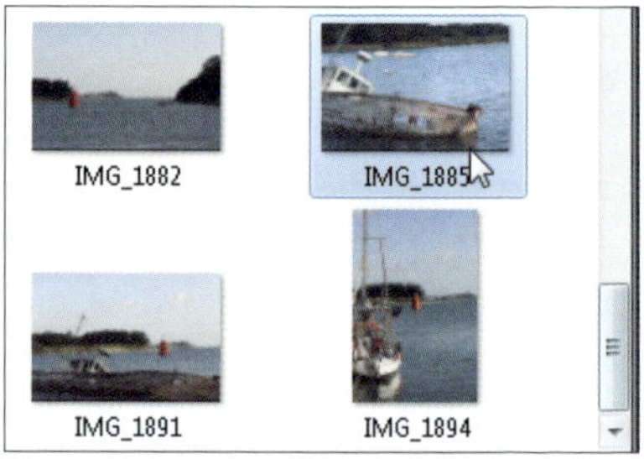

Mit einem **Doppelklick** auf das gewünschte Bild veranlassen Sie PowerPoint dazu, das ursprüngliche Foto der Vorlage durch das Bild Ihrer Wahl zu ersetzen.

4 Dieses entspricht in seiner Größe annähernd dem Bild der Vorlage.

Also müssen Sie die Größe, die Position und den Bildausschnitt Ihres Fotos so anzupassen, dass es perfekt auf der Folie steht. Dies geht genauso, wie es bereits für ClipArts ab Seite 68 beschrieben wurde. Anschließend steht es Ihnen frei, die Texte der Vorlage wunschgemäß zu verändern (siehe ab Seite 22) oder diese einfach mit der Entf-Taste zu löschen.

5 Verfahren Sie entsprechend mit sämtlichen Folien und Fotos, aus denen Ihre Diashow bestehen soll. Selbstverständlich brauchen Sie nicht alle Folienvorlagen zu nutzen. Um eine der vorgegebenen Folien zu löschen, klicken Sie sie in der Folienliste mit der *rechten* Maustaste an und wählen im **Kontextmenü** den Befehl ●.

Folienlayout verwenden

Um lediglich das Layout einer bestehenden Folie – ohne die eingegebenen Texte und Fotos – zu verdoppeln und noch einmal zu verwenden, klicken Sie die Folie mit der *rechten* Maustaste an und wählen im Kontextmenü den Eintrag ●.

Die neue Folie enthält Platzhalter für Bild und Text, die Sie wie gewohnt durch Anklicken mit Inhalten füllen können.

Auf diese Weise lassen sich mit wenig Aufwand aus bestehenden Folien neue Präsentationen kreieren.

6 Sollte Ihnen eine Folie dagegen besonders gut gefallen, können Sie sie genauso einfach verdoppeln, indem Sie sie mit der *rechten* Maustaste anklicken und im Kontextmenü den Befehl ● wählen. Die Folie wird in Ihrer gesamten Gestaltung - also mit Text und Bildern - direkt darunter eingefügt und kann problemlos an eine andere Stelle in der Folienreihenfolge verschoben werden (siehe Seite 32/33).

Eine Präsentation zum Klingen bringen

Kennen Sie das auch, dass Sie mit einem Urlaub ein bestimmtes Lied oder Musikstück verbinden? Warum sollten Sie also nicht dafür sorgen, dass eben dieses Musikstück Ihre Urlaubsbilder untermalt? Immer vorausgesetzt natürlich, das Musikstück befindet sich auf Ihrer Festplatte.

1 Bringen Sie dazu als Erstes die Startfolie auf die Arbeitsfläche von PowerPoint. Klicken Sie dann auf ●

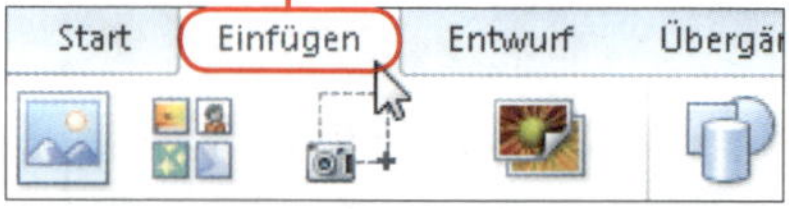

und im dazugehörigen Menüband unterhalb der Schaltfläche „Audio" auf ●.

2 Daraufhin öffnet sich ein kleines Auswahlfenster, das Ihnen verschiedene Quellen für Sounds anbietet.

Um eine **MP3**-Musikdatei in Ihre Präsentation einzubinden, klicken Sie auf die oberste Option ●.

3 Das veranlasst PowerPoint dazu, ein Explorer-Fenster zu öffnen, in dem Sie den Ordner mit der gewünschten Musik per Mausklick öffnen können.

Wählen Sie für Ihre Präsentation im Dateifenster das passende Musikstück, im Beispiel ●,

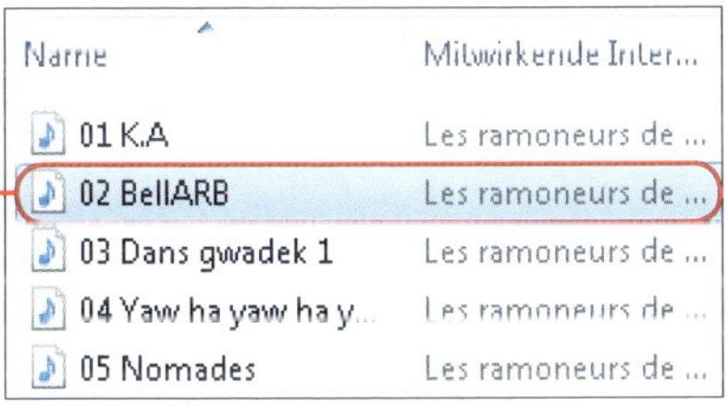

und klicken Sie zur Bestätigung auf

.

4 Nun blendet PowerPoint in der Mitte der aktuell angezeigten Folie ein Lautsprechersymbol ein.

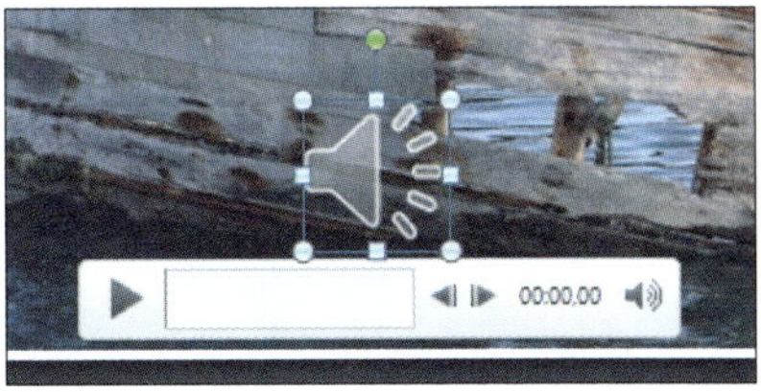

Ein Klick auf dieses Symbol spielt später das eingebundene Musikstück während der Präsentation ab. Damit es dann weniger stört, klicken Sie auf das Lautsprechersymbol, halten die Maustaste gedrückt und ziehen es mit weiterhin gedrückter Maustaste an eine andere Stelle der Folie. Gleichzeitig können Sie die Darstellung des Symbols nach Belieben vergrößern oder verkleinern. Beides funktioniert genauso, wie es schon bei den ClipArts ab Seite 68 gezeigt wurde. Damit ist das Musikstück Bestandteil Ihrer Präsentation. Und Sie können die Wiedergabe direkt testen: Ein Klick auf ● und anschließend auf ● – und schon wird der eingebettete Song abgespielt.

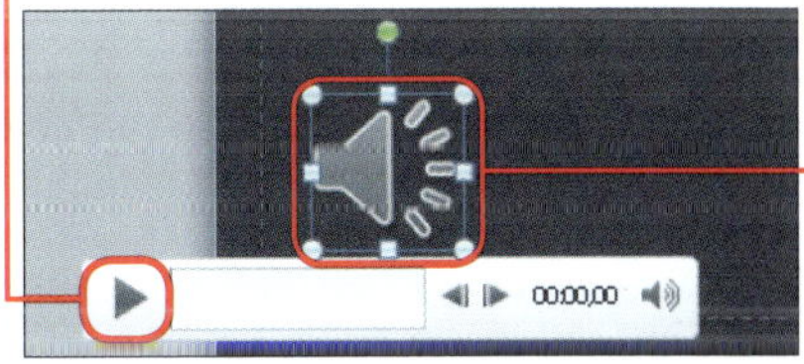

Fein-Tuning für Musikstücke

Ehe Sie die jetzt vertonte Präsentation starten, sollten Sie allerdings noch ein paar Feineinstellungen vornehmen.

1 Wenn Sie das Lautsprechersymbol, das erst zusammen mit einem eingebundenen Musikstück auftaucht, mit einem Mausklick markiert haben, erscheint ein neuer Registerreiter: . Klicken Sie auf ,

damit Ihnen im dazugehörigen Menüband alle nötigen Werkzeuge zur Bearbeitung des eingefügten Sounds zur Verfügung gestellt werden.

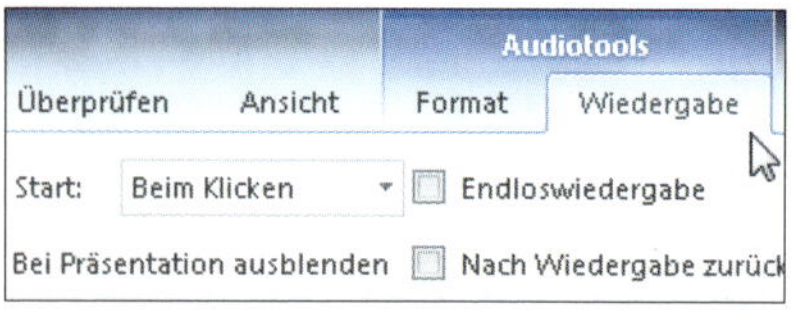

2 Um zu veranlassen, dass das eingebundene Musikstück nicht erst abgespielt wird, wenn Sie auf das Lautsprechersymbol klicken, wählen Sie zunächst den Pfeil und dann die Option .

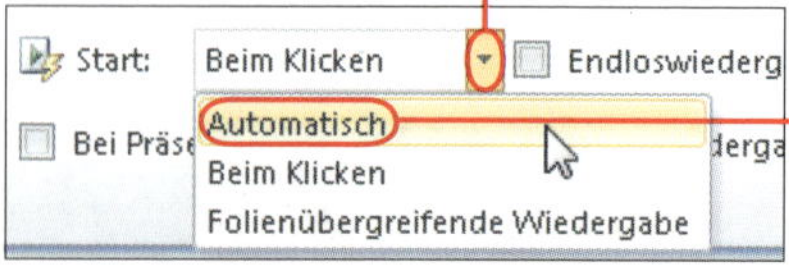

Falls Sie möchten, dass das Musikstück nicht nur mit dieser Folie, sondern von dieser Folie an für die weitere Präsentation durchgängig abgespielt wird, klicken Sie hier stattdessen auf .

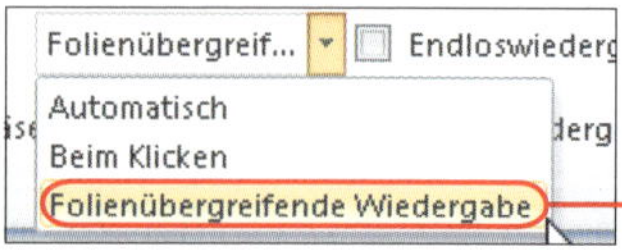

3 Als Nächstes sollten Sie sich um die Präsentationslautstärke kümmern. Klicken Sie dazu auf ,

und entscheiden Sie im dazugehörigen Auswahlfenster, ob die Sounddatei mit niedriger, mittlerer oder hoher Lautstärke wiedergegeben werden soll. Bei der Lautstärkenkontrolle hilft Ihnen links im Menüband die Schaltfläche

.

4 Anschließend sollten Sie dafür sorgen, dass das Lautsprechersymbol auf Ihrer Folie bei der Präsentation nicht angezeigt wird. Dazu setzen Sie im Menüband mit einem Mausklick in das Kontrollkästchen

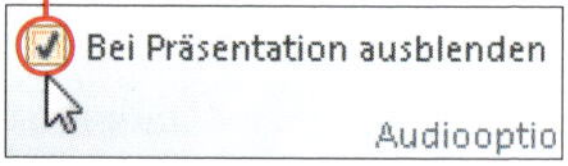

ein Häkchen wie in der Abbildung.

5 Ebenso können Sie festlegen, ob das Musikstück nur einmal abgespielt oder in einer Endlosschleife wiederholt werden soll. Wollen Sie Letzteres, markieren Sie das Kontrollkästchen ●

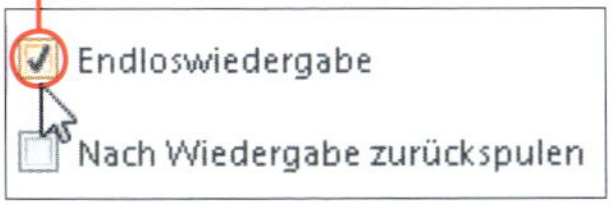

mit einem Mausklick, sodass darin ein Häkchen erscheint.

6 Wenn Sie nur einen bestimmten Teil der Klangdatei abspielen möchten, beispielsweise nur den Refrain eines Liedes, so können Sie das Musikstück in PowerPoint auch direkt beschneiden. Klicken Sie hierfür im Audiotools-Menüband auf ●

und anschließend auf

.

Im Fenster, das sich nun öffnet, ziehen Sie das erste Symbol ●

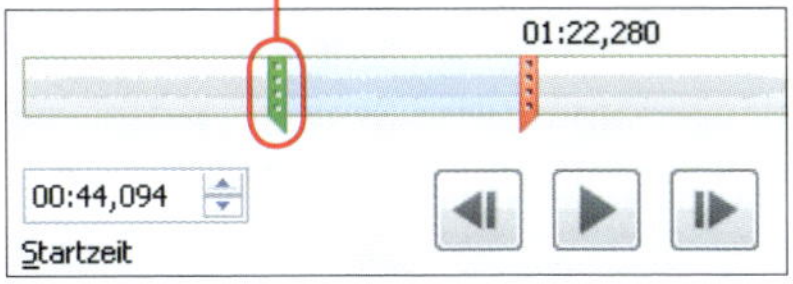

an die Stelle, an der die Wiedergabe beginnen soll, und das zweite Symbol ●

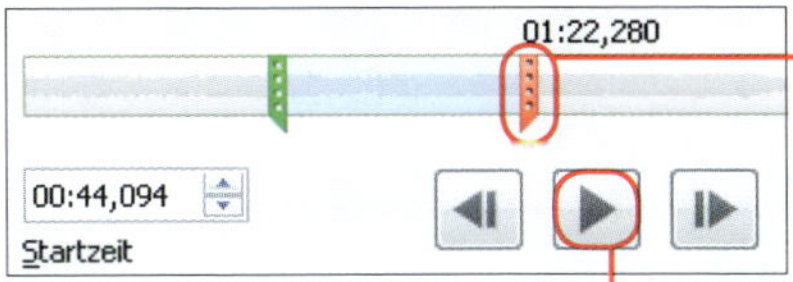

an das gewünschte Ende. Mit ● können Sie das Musikstück zur Kontrolle abspielen. Wenn Sie die gewünschte Passage separiert haben, klicken Sie einfach auf

.

Jetzt wird in der Präsentation nur noch die beschnittene Klangdatei abgespielt. Die Audiodatei bleibt aber unverändert, und auch das eingebettete Musikstück in der Präsentation können Sie später wieder erweitern, falls Ihnen die Klangschnipsel zu kurz erscheinen sollten.

Videos in PowerPoint-Präsentationen

Nicht nur Bilder und Musik, auch eingebundene Videodateien können Ihrer Präsentation eine besondere Note verleihen.

1 Wählen Sie zunächst mit einem Mausklick in der Navigationsspalte links die Folie aus, in der das Video abgespielt werden soll. Klicken Sie dann oberhalb des Menübands auf

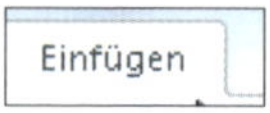

,

danach unter dem Symbol „Video" auf den nach unten weisenden Pfeil ●

und schließlich in der geöffneten Auswahlliste auf ●.

2 Daraufhin öffnet sich ein Explorer-Fenster, in dem Sie den gewünschten Videoclip auf Ihrer Festplatte markieren. Bestätigen Sie Ihre Wahl mit einem Doppelklick auf das Dateisymbol oder per Klick auf ●.

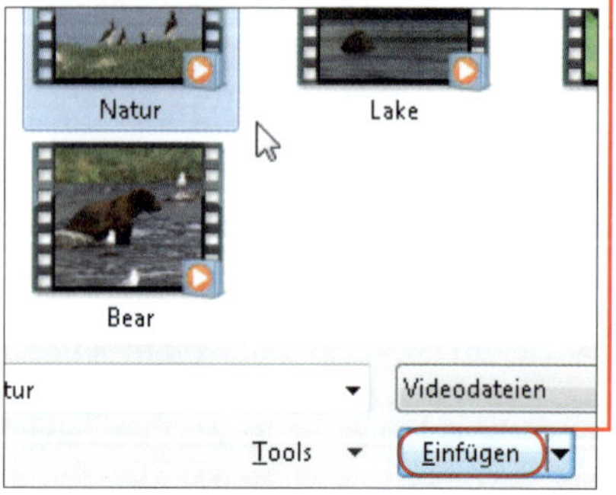

3 Jetzt fügt PowerPoint automatisch ein Videofenster in die aktuelle Folie ein. Das Programm macht das Videofenster dabei automatisch so groß, dass es die Folie optimal ausfüllt. Um das Video zu betrachten, klicken Sie auf ●.

PowerPoint spielt den Film daraufhin ab.

4 Wenn Sie auf das Videobild klicken, finden Sie abermals einen neuen Registerreiter: ●.

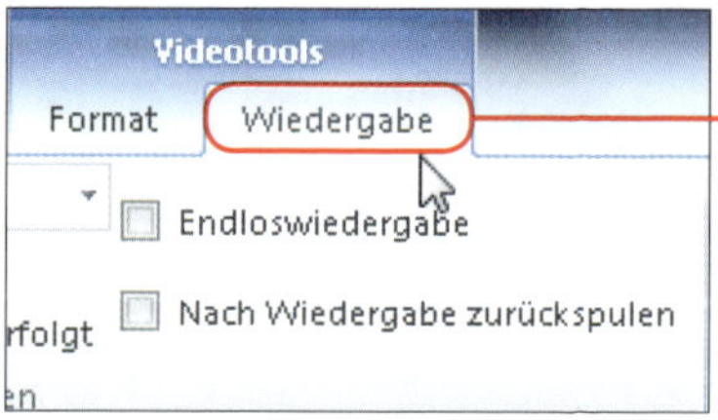

Klicken Sie darauf, damit die nötigen Werkzeuge zur Einstellung der Wiedergabe angezeigt werden.

5 Die meisten dieser Optionen ähneln denen, die Sie schon bei der Einbindung von Musikdateien kennengelernt haben. So können Sie auch Videos ähnlich wie Klangdateien beschneiden, indem Sie auf ● klicken

und im Fenster, das sich dann öffnet, mit den Reglern ● und ● Start- und Endpunkt setzen.

6 Einige Besonderheiten sind: Wenn Sie die Option ● einschalten und zusätzlich ●

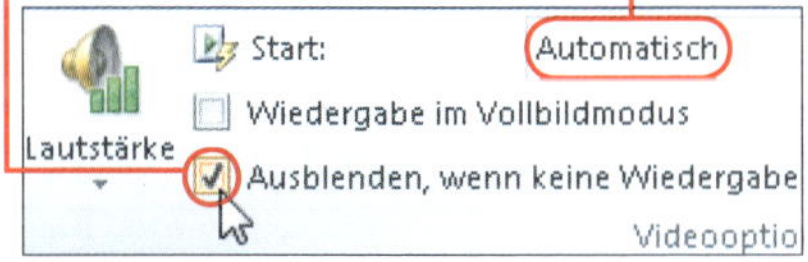

markieren (also mit einem Mausklick ein Häkchen in das Kontrollkästchen setzen), wird das Video automatisch abgespielt, sobald Sie die Folie in der Präsentation aufrufen. Anschließend verschwindet es von der Folie. So haben Sie die Möglichkeit, hinter dem Video weitere Fotos aus Ihrer Sammlung zu verstecken.

Markieren Sie die Option ●,

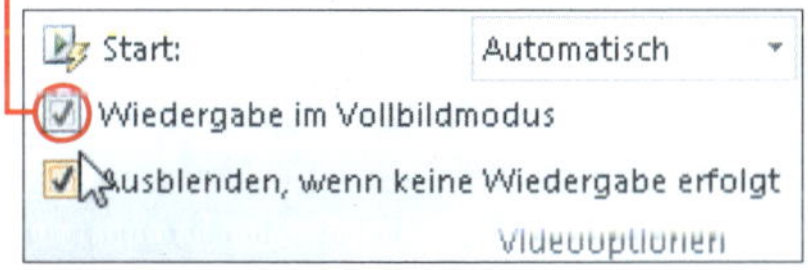

wird das Video während der Präsentation bildschirmfüllend wiedergegeben. Das mag sinnvoll sein, allerdings sollten Sie zuvor überprüfen, ob die Auflösung Ihres Videoclips hoch genug ist, um eine Darstellung in voller Größe zu rechtfertigen.

7 Sie können dieses Video in Größe und Form genauso anpassen, wie Sie es von ClipArts oder eingefügten Grafiken (ab Seite 68) und Fotos her kennen. Um einem Videofenster eine besondere Form zu geben, markieren Sie das Video mit einem Mausklick und wählen dann per Klick auf den Registerreiter ●

das dazugehörige Menüband. Hier lassen sich im Feld ● wie gewohnt verschiedene vorformatierte Gestaltungen zuweisen. Noch mehr Möglichkeiten bieten die drei Felder ●.

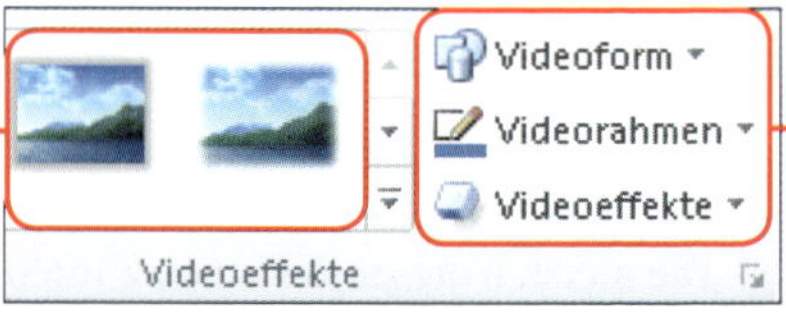

Wenn Sie dort etwa auf den Eintrag ● klicken, öffnet sich eine lange Liste mit zahlreichen Symbolen. Per Mausklick beispielsweise auf ● können Sie das Videofenster wie einen Pfeil aussehen lassen.

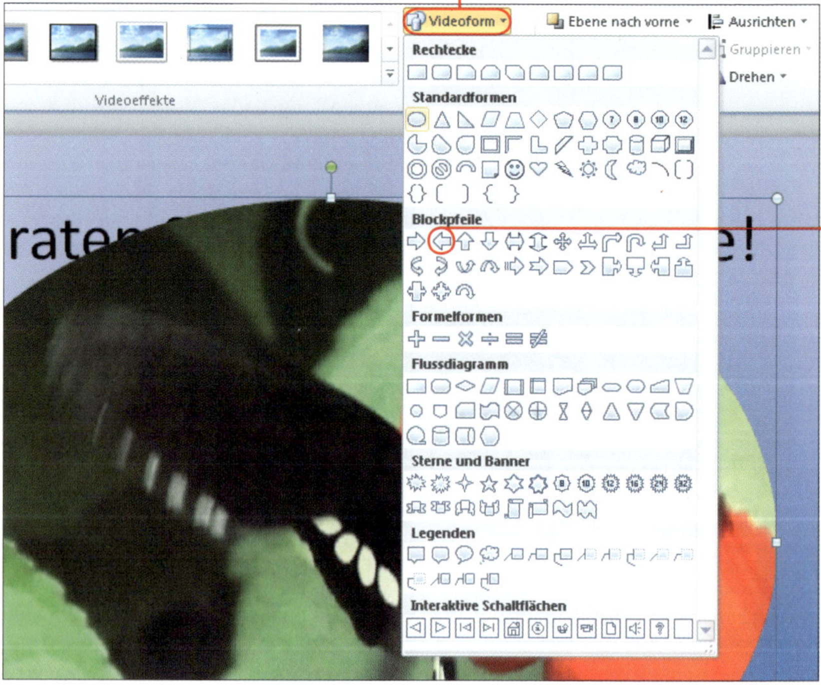

8 Spezialeffekte: Animationen und Übergänge

PowerPoint 2010 setzt Ihrem Schaffensdrang keine Grenzen. Sie können Präsentationen erstellen, die seriös sind oder quietschbunt, professionell oder verspielt, ruhig oder lärmend. Nur eine Kleinigkeit fehlt noch: Die Abfolge der **Folien** in einer Präsentation erinnert noch immer fatal an einen klassischen Dia-Abend mit Bier und Salzstangen. Bild folgt auf Bild - und aus. Das darf natürlich gerne etwas unterhaltsamer sein.

So ist es nur folgerichtig, dass PowerPoint 2010 über einen umfangreichen Katalog von **Animationseffekten** verfügt, mit deren Hilfe Sie jeder Folie in einer Präsentation einen individuellen Auftritt bieten können. Aber Vorsicht: Oft genug kommt es vor, dass diese Animationseffekte im Überfluss eingesetzt werden und es dem Publikum dadurch schwer fällt, sich auf die Inhalte der Präsentation zu konzentrieren. Ein besonnener Einsatz dieser Effekte kann die Spannung einer Präsentation hingegen steigern und die Aufmerksamkeit erhöhen.

Im achten Kapitel dieses Buches erfahren Sie,

- wie sich die Übergänge zwischen den Folien einer Präsentation beeinflussen lassen,
- wie Sie einzelne Elemente Ihrer Präsentation mit Animationseffekten aufwerten können
- und wie Sie unterschiedliche Animationseffekte aufeinander abstimmen.

Kapitel-Wegweiser

Folienübergänge gestalten

Beginnen Sie zunächst mit dem Offensichtlichsten, dem Übergang von einer Folie Ihrer Präsentation zur nächsten. PowerPoint erlaubt es Ihnen, für jede Folie einen eigenen animierten Übergang festzulegen.

1 Um einen **Folienübergang** auszuwählen, bringen Sie als Erstes die betreffende Folie auf die Arbeitsfläche von PowerPoint. Anschließend klicken Sie auf den Registerreiter ●,

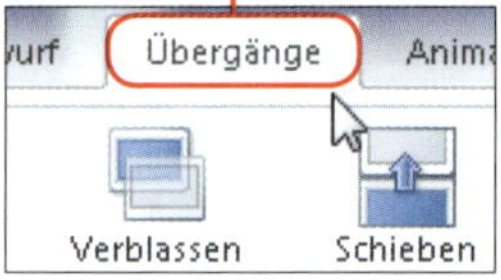

damit das dazugehörige **Menüband** aktiviert wird.

2 In diesem Menüband interessiert zunächst der Bereich „Übergang zu dieser Folie", der den meisten Platz einnimmt. Hier finden Sie an exponierter Stelle elf Bildschirmsymbole, die für die verschiedenen Folienübergänge stehen. Um herauszufinden, was die jeweiligen Symbole bedeuten, genügt es, den Mauszeiger über eines der Symbole zu führen, zum Beispiel ●.

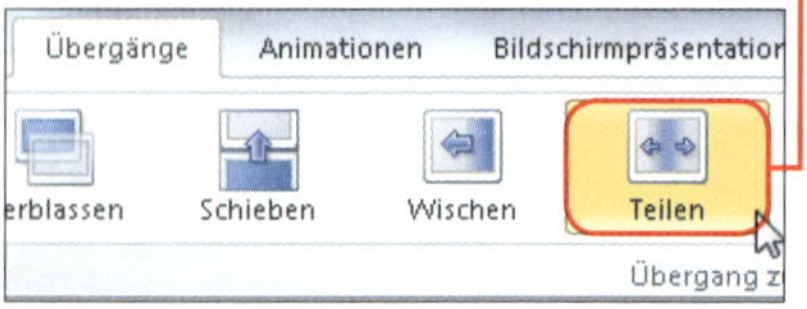

Um den gewählten Übergang sofort kontrollieren zu können, klicken Sie ganz links im Menüband auf die Schaltfläche ●.

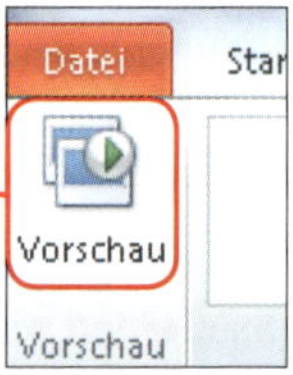

PowerPoint zeigt Ihnen daraufhin den animierten Effekt des gewählten Übergangs auf der Arbeitsfläche an.

3 Diese elf animierten Übergänge bieten Ihnen zwar schon eine gewisse Auswahl, doch bleibt diese vorerst begrenzt. Um dies zu ändern, klicken Sie nun neben dem letzten Bildschirmsymbol rechts unten auf den nach unten weisenden Pfeil ●.

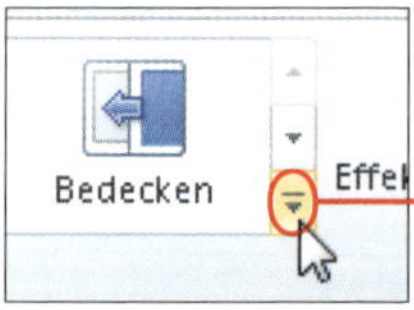

Anschließend öffnet PowerPoint ein Auswahlfenster, das Ihnen den Zugriff auf sämtliche verfügbaren Folienübergänge ermöglicht. Knapp drei Dutzend verschiedene Übergänge stehen hier zur Verfügung. Ihre Wahl treffen Sie wie immer mit einem Mausklick auf eines der zahlreichen Symbole, etwa ●.

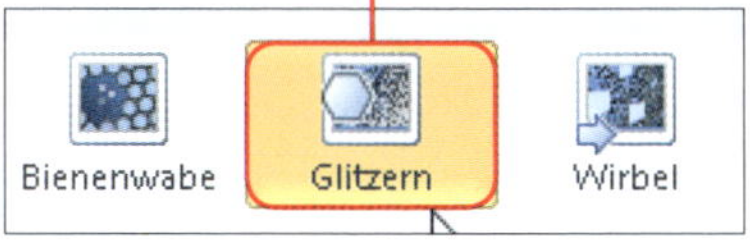

4 Die Übergänge sind - der besseren Übersicht halber - drei verschiedenen Gruppen zugeordnet. Während Sie die erste Gruppe „Dezent“ bereits aus dem Menüband kennen, sind in der nächsten Gruppe ●

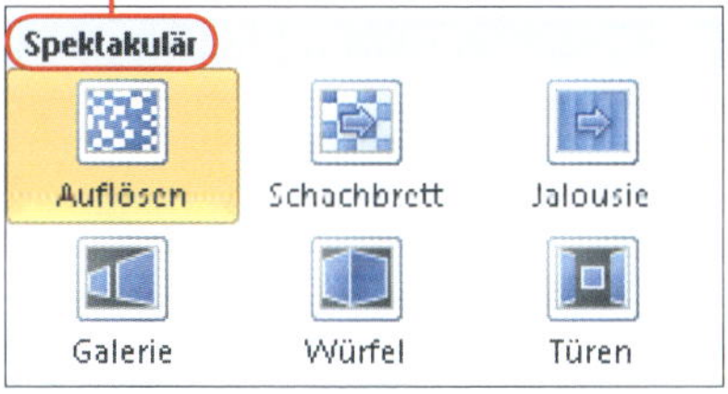

alle Übergänge versammelt, bei denen der Inhalt der neuen Folie auf etwas spektakulärere Weise auf dem Bildschirm erscheint. In der Gruppe ●

wiederum finden Sie Übergänge, die sich nicht mit der Folie als solcher, sondern mit den Inhalten einer Folie befassen.

5 Mit diesen 35 verschiedenen Übergangseffekten ist PowerPoint aber noch nicht ausgereizt: Bei vielen der fertigen Effekte sind weitere Modifikationen möglich, die sich erschließen, wenn Sie auf ●

klicken. Diese Effektoptionen sind abhängig vom zuvor ausgewählten Übergangseffekt: Sollten Sie also einen Effekt ausgewählt haben, zu dem keine weiteren Variationen verfügbar sind, bleibt diese Schaltfläche grau:

6 Ist dagegen ein Übergangseffekt voreingestellt, der weitere Optionen zulässt, werden Ihnen entsprechend mehr Effektoptionen angeboten.

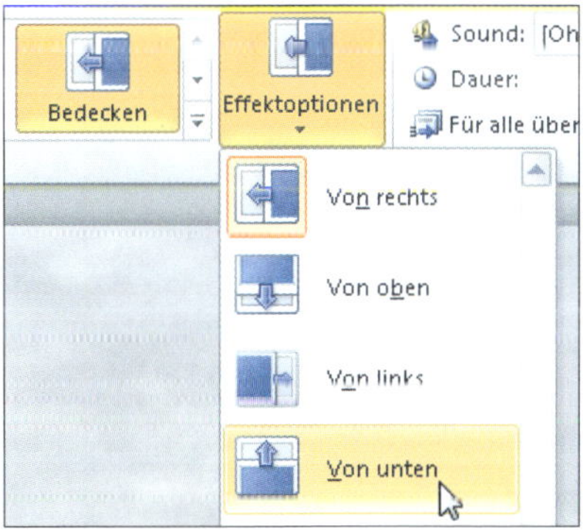

Treffen Sie Ihre Wahl per Mausklick, und probieren Sie über die Vorschau aus, ob er Ihnen gefällt.

Einheitlicher Folienübergang

PowerPoint gestattet es Ihnen zwar, den Übergang für jede einzelne Folie individuell zu bestimmen. Viele Anwender – gerade im professionellen Bereich – ziehen es aber vor, einen einheitlichen Übergang für alle Folien einer Präsentation zu wählen. Nun ist es ziemlich umständlich, für jede Folie gesondert denselben Übergang festzulegen. Um sich diese Mühe zu ersparen, klicken Sie auf eine der Folien-Voransichten, die Sie in der linken Bildschirmspalte sehen. Halten Sie die Strg-Taste gedrückt, während Sie gleichzeitig die A-Taste drücken. Damit haben Sie alle Folien Ihrer Präsentation gleichzeitig markiert:

Wenn Sie dann im Menüband einen Folienübergang auswählen, wird dieser automatisch allen Folien Ihrer Präsentation zugewiesen.

7 Zudem können Sie bestimmen, in welcher Zeit der Übergang von einer Folie zur nächsten erfolgen soll. Dazu finden Sie rechts die Schaltfläche.

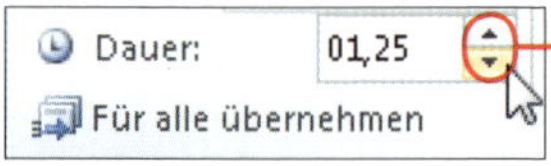

Hier legen Sie die gewünschte Dauer für den Übergang fest, indem Sie die voreingestellte Zeit (in Sekunden) mithilfe der nach oben und unten weisenden Pfeile verlängern oder verkürzen.

8 PowerPoint erlaubt es Ihnen schließlich auch, den Übergang von einer Folie zur nächsten mit verschiedenen Klangeffekten zu untermalen. Damit dies geschieht, öffnen Sie per Klick auf

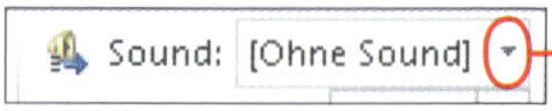

ein Auswahlfenster, in dem Ihnen 19 unterschiedliche Soundeffekte zur Verfügung gestellt werden. Wenn Sie den Mauszeiger über einen dieser Sounds führen, beispielsweise,

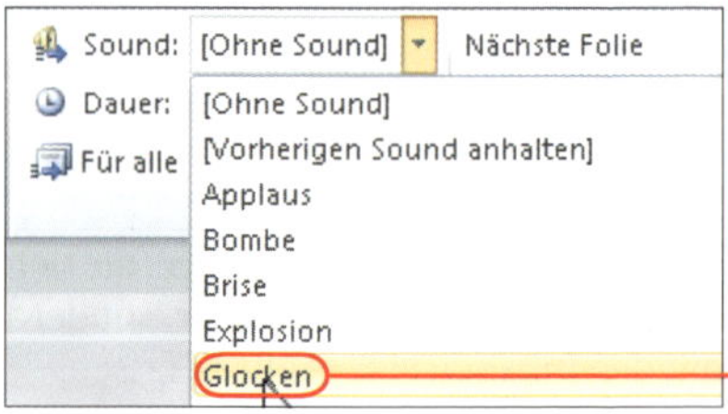

gibt Ihnen PowerPoint einen akustischen Vorgeschmack auf den entsprechenden Klang. Wie immer treffen Sie Ihre endgültige Wahl mit einem Mausklick.

Textelemente animieren

Neben der Animation kompletter Folienübergänge bietet Ihnen PowerPoint auch die Möglichkeit, jedes Element einer Folie einzeln zu animieren. Das gilt nicht nur – wie im nachfolgenden Beispiel beschrieben – für Texte, sondern die Animationen lassen sich auch auf Bilder und sogar auf Videos anwenden.

1 Um ein Textfeld zum Leben zu erwecken, rufen Sie die entsprechende Folie auf und aktivieren das Textfeld, das im Beispielfall zwei Gliederungsebenen enthält, mit einem Mausklick. Daraufhin erscheint rund um das angeklickte Feld ein **Rahmen** ●.

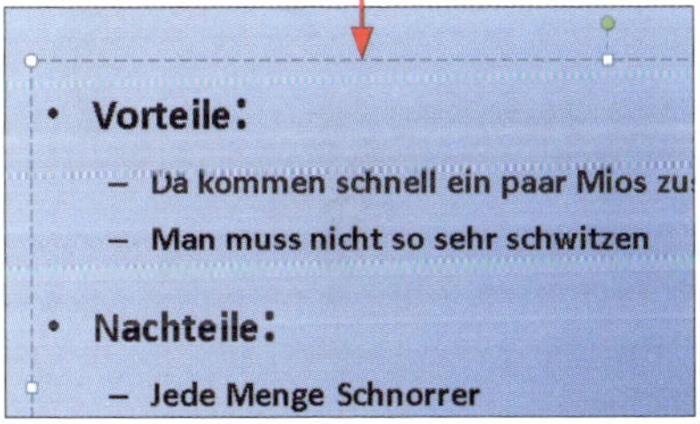

2 Wenn Sie dann im Menüband auf den Registerreiter ● klicken, erscheinen darunter mehrere Symbole für verschiedene Animationsmöglichkeiten: ●.

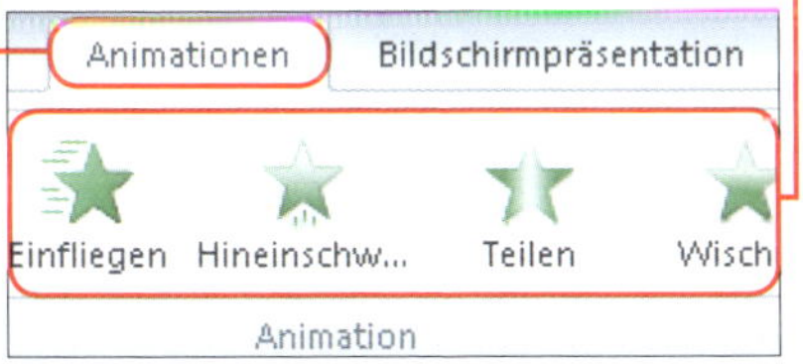

Wie schon bei den Effekten für den Folienübergang können Sie auch hier eine Vielzahl weiterer Animationen abrufen, indem Sie am rechten unteren Rand der Funktionsgruppe „Animation" auf ●

klicken, um eine Auswahlliste zu öffnen.

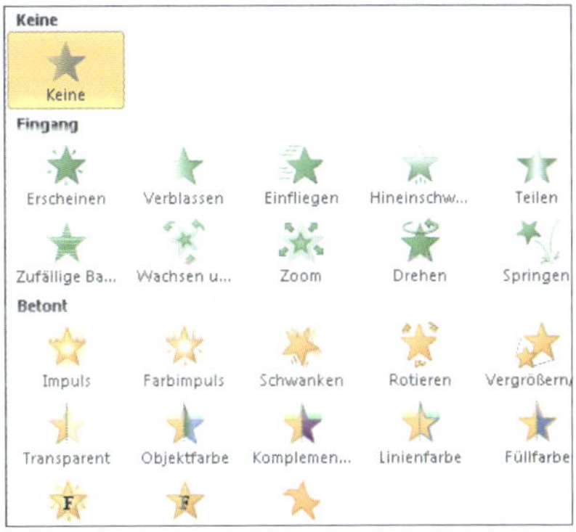

Um die jeweils ausgewählte Animation sofort prüfen zu können, steht Ihnen wieder eine Vorschaufunktion zur Verfügung, die Sie per Klick auf ● starten.

3 Schließlich können Sie auch bei der Animation einzelner Textelemente weitere Optionen festlegen, indem Sie rechts neben der Funktionsgruppe „Animation“ die Schaltfläche

anklicken. Auch hier sind die Optionen von der vorher gewählten Animation abhängig.

4 Besondere Aufmerksamkeit sollten Sie den Optionen widmen, die Sie am unteren Ende dieses Auswahlfensters finden: PowerPoint hat nämlich erkannt, dass Sie einen Textabschnitt markiert haben, der zwei Gliederungsebenen enthält, und bietet Ihnen hier an, diese beiden Ebenen einzeln und nacheinander oder gemeinsam zu animieren.

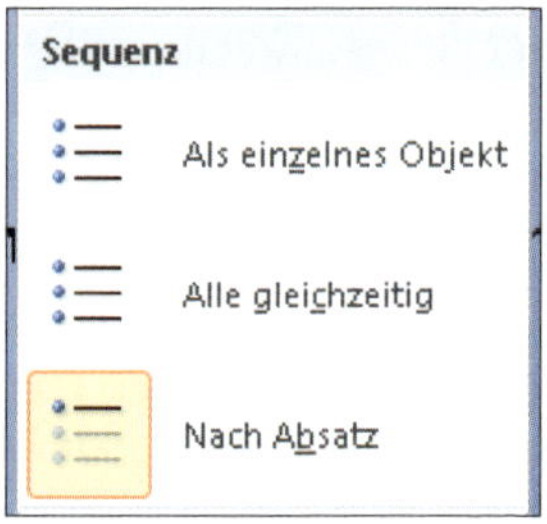

Grafische Elemente animieren

Auch die grafischen Elemente einer Präsentation - beispielsweise Tabellen oder **Diagramm**e - können einzeln animiert werden.

1 Rufen Sie dazu als Erstes eine Folie auf, auf der sich bereits ein Diagramm befindet, und klicken Sie das Diagramm an, im Beispiel.

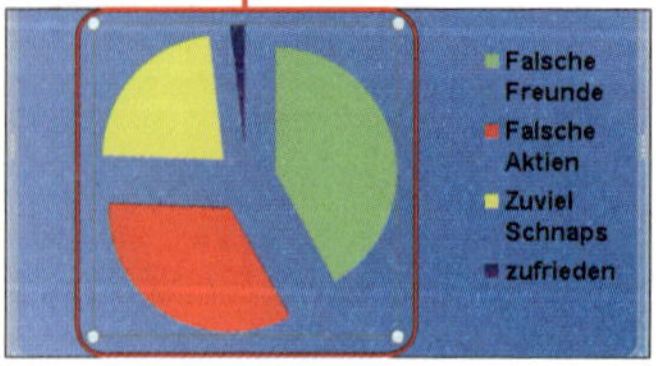

2 Abermals klicken Sie im Menüband auf den Registerreiter und wählen dann die gewünschte Animation aus, hier.

3 Auch dieses Mal stehen für jede Animation weitere Effektoptionen bereit, die von der jeweils gewählten Animation abhängig sind.

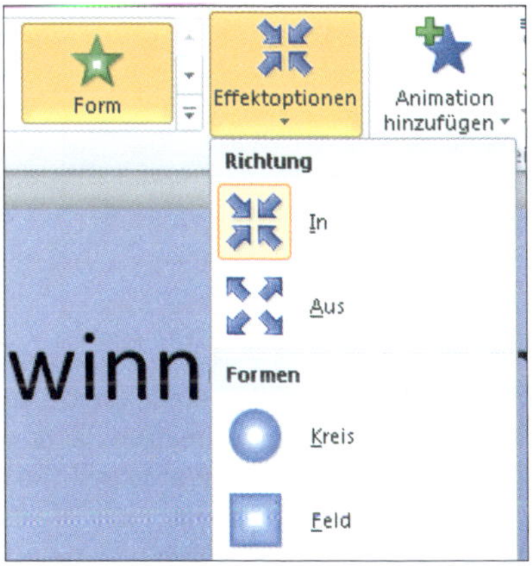

4 Und auch hier haben Sie am unteren Ende des Auswahlfensters die Möglichkeit zu entscheiden, ob die Grafik als Ganzes animiert werden soll oder ihre Elemente einzeln und nacheinander erscheinen sollen.

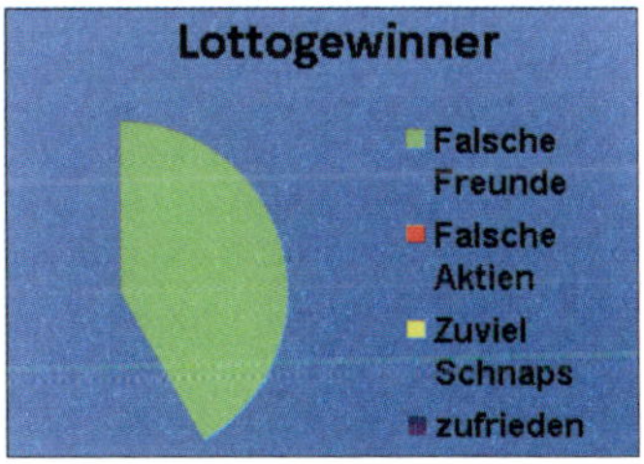

Komplexe Animationen kontrollieren

Wenn Sie alle Möglichkeiten der Animation ausprobiert haben, die Ihnen in diesem Kapitel vorgestellt wurden, dann macht Ihre Präsentation vermutlich einen recht munteren Eindruck. Dabei kann es allerdings passieren, dass die Reihenfolge der Animationen ein wenig aus dem Lot geraten ist: Was nutzt schließlich eine Folie, bei dem als Erstes das Diagramm und als Letztes die Überschrift zu sehen ist?

1 Um derartigen Fehlentwicklungen vorzubeugen, hat PowerPoint jedes einzelne animierte Objekt auf der Folie mit einer kleinen Zahl versehen. Daran können Sie ablesen, in welcher Reihenfolge die einzelnen Animationen während der Präsentation ablaufen werden. Bei genauerem Hinsehen werden Sie feststellen, dass im Beispielfall tatsächlich die Überschrift mit der Nummer 8 als letztes Folienelement aufgerufen wird: ●.

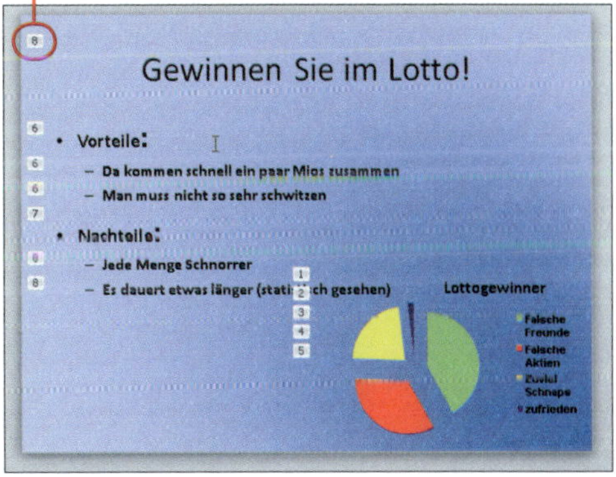

Keine Sorge ums Präsentationsdesign: Diese Zahlen werden nur bei der Bearbeitung der Präsentation angezeigt, nicht aber während der Vorführung.

2 Damit Sie diese Reihenfolge korrigieren können, markieren Sie zunächst die Zahl, die - im Beispiel - der Überschrift zugeordnet ist, mit einem Mausklick.

3 Ganz rechts im Menüband „Animation" finden Sie nun die Funktionsgruppe ●. Hier können Sie per Mausklick auf die Schaltflächen ●

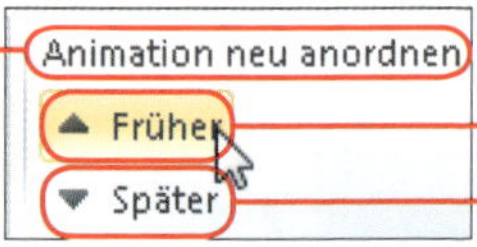

bestimmen, an welcher Stelle im Ablauf der gesamten Folien-Animation das ausgewählte Element erscheinen soll. Wie Sie sehen, ändern Sie dabei nicht allein die Position des ausgewählten Elements - gleichzeitig passt PowerPoint 2010 die gesamte Reihenfolge entsprechend an.

! Vorsicht mit Animationseffekten

Da die Autoren dieses Buches nicht nur über PowerPoint schreiben, sondern auch regelmäßig im Publikum sitzen, wenn PowerPoint-Präsentationen dargeboten werden, an dieser Stelle ein wichtiger Hinweis: Gehen Sie mit Effekten – vor allem Soundeffekten – möglichst sparsam um! Denn was beim ersten Mal unterhaltsam ist, bringt bei der dritten Wiederholung nur noch ein müdes Lächeln hervor und kostet beim zehnten Mal den Rest der Konzentration. Auch hierbei gilt also: Weniger ist mehr!

9 Bildschirmpräsentation vorbereiten und zeigen

Inzwischen sind Sie mit den zentralen Funktionen und Möglichkeiten vertraut, die Ihnen PowerPoint 2010 zum Erstellen einer **Präsentation** bietet. Doch das ist nur ein Teil der Aufgabe. Der nächste Schritt besteht darin, diese Präsentation auch vor Publikum vorzutragen.

Auch dieser Teil bedarf gründlicher Vorbereitung. So ist es beispielsweise erforderlich, dass Sie alle **Folien** Ihrer Präsentation noch einmal genau analysieren und sich dabei auch die Frage stellen, wie diese Präsentation denn auf das zu erwartende Publikum wirken soll. In dem Zusammenhang können durchaus noch wichtige Änderungen notwendig werden: So kann sich herausstellen, dass eine Präsentation besser funktioniert, wenn die Reihenfolge der Argumente – also der Folien innerhalb der Präsentation – verändert wird; ein anderes Publikum benötigt vielleicht zusätzliche Fakten, die sich auf Folien einer anderen Präsentation befinden; oder vielleicht erwarten Sie auch ein Publikum, das bestimmte Folien Ihrer Präsentation gar nicht sehen soll?

Schließlich ist es von großer Bedeutung, dass Sie Ihren mündlichen Vortrag gründlich einstudieren, um nicht nur mit perfekten Folien, sondern auch rhetorisch zu überzeugen. Auch bei diesen letzten Vorbereitungen bietet PowerPoint 2010 wertvolle Unterstützung.

Im neunten Kapitel dieses Buches erfahren Sie,

- wie Sie Folien sortieren,
- wie Sie Folien aus anderen Präsentationen einfügen,
- wie Sie bestimmte Folien ausblenden
- und wie Sie Notizen in Ihre Präsentation einfügen.

Kapitel-Wegweiser

Reihenfolge der Folien verändern

Die wichtigste Vorbereitung bei einer Präsentation besteht darin, gründlich zu üben: Halten Sie die Präsentation zunächst einige Male für sich ab, bis Sie sie sicher beherrschen. Vielleicht haben Sie ja auch die Gelegenheit, die Präsentation anschließend mit einem Bekannten durchzugehen? Dann sollten Sie diese Chance unbedingt nutzen.

Bei diesen Proben und Generalproben wird Ihnen möglicherweise auffallen, dass es Ihrer Präsentation nicht schaden könnte, wenn Sie die Reihenfolge Ihrer Folien und Argumente verändern.

1 Um zwei Folien auszutauschen, nutzen Sie die **Folienansicht** in der linken Bildschirmspalte: ●. Verschieben Sie die Folienansicht mithilfe der **Bildlaufleiste** ● so weit, dass die beiden auszutauschenden Folien, im Beispiel E und F, sichtbar sind.

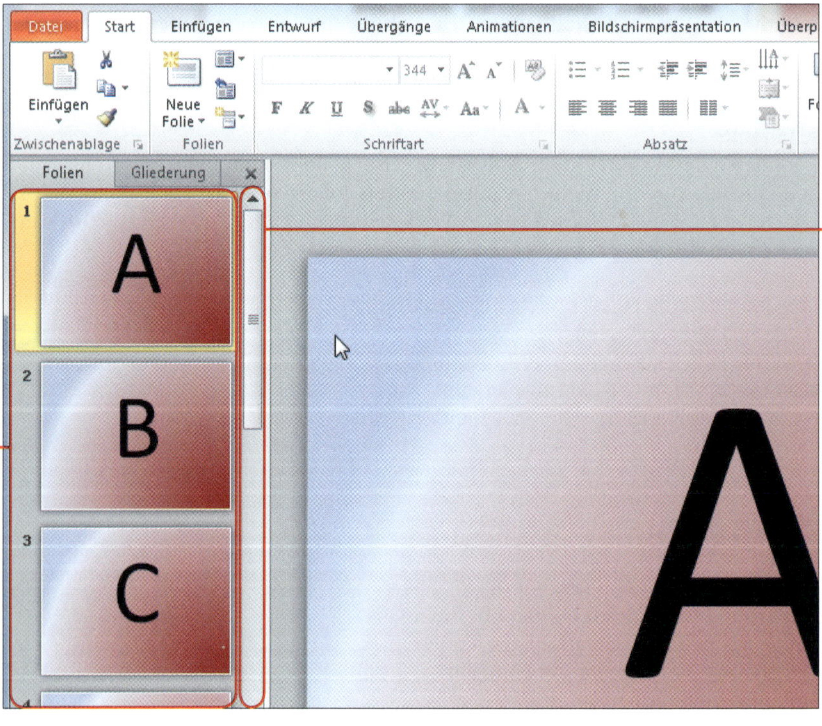

2 **Markieren** Sie nun in der Folienansicht mit einem Mausklick die Folie, die ausgetauscht werden soll, im Beispiel E.

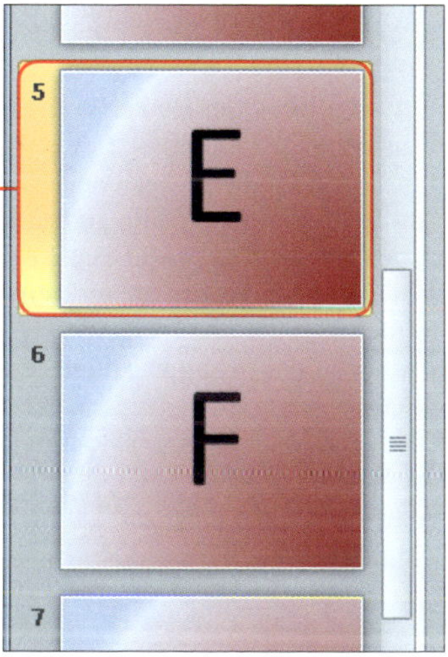

Halten Sie die Maustaste gedrückt, und schieben Sie den Zeiger mit weiterhin gedrückter Maustaste an die Stelle, an der die Folie erscheinen soll, etwa hier.

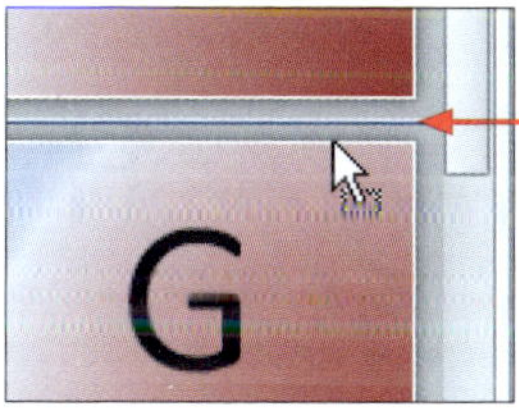

3 Dabei bleibt die markierte Folie zwar noch an ihrer ursprünglichen Stelle stehen, am Zielort erscheint aber schon ein Streifen, der die mögliche Position anzeigt. Befindet sich der Streifen an der gewünschten Position, brauchen Sie nur noch die Maustaste loszulassen, und die Folie taucht an der neuen Stelle auf:.

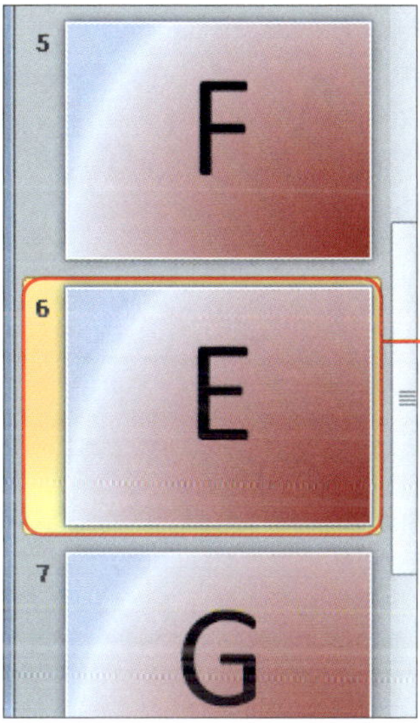

4 Diese Methode, die Reihenfolge der Folien in einer Präsentation zu ändern, funktioniert zwar problemlos. Wenn es aber darum geht, umfangreichere Umstrukturierungen vorzunehmen, kommen Sie mit diesem Verfahren nicht weiter. Hier sind Sie mit dem Anzeigemodus **Foliensortierung** besser bedient. Diesen aktivieren Sie, indem Sie am unteren Rand des PowerPoint-Fensters auf

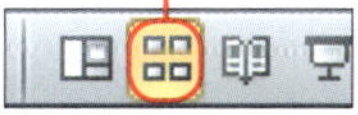

klicken. Daraufhin erscheinen verkleinerte Folien Ihrer Präsentation auf der Arbeitsfläche: ●.

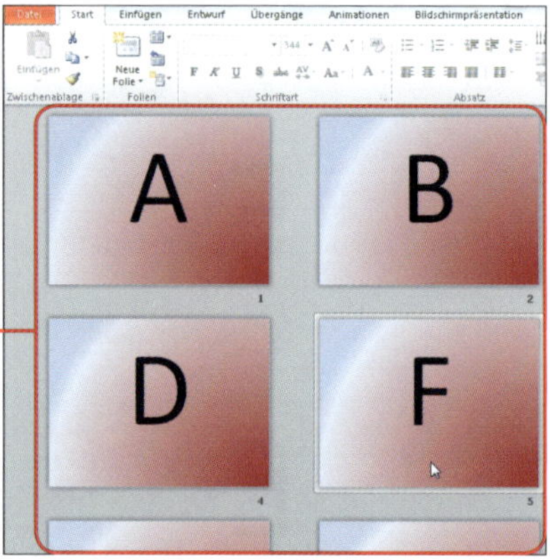

5 Sollten Sie der Ansicht sein, dass diese verkleinerten Ansichten immer noch zu groß sind, können Sie die Größe der Miniaturansichten anpassen, indem Sie den Schieberegler ●

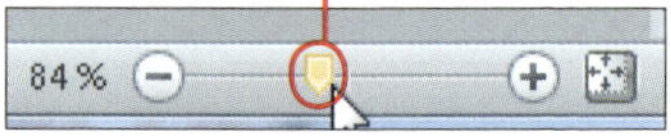

am unteren Rand des PowerPoint-Fensters nutzen. Klicken Sie den Regler an, halten Sie die Maustaste gedrückt, und **ziehen** Sie ihn mit weiterhin gedrückter Maustaste nach links oder rechts, um den Inhalt des Fensters zu verkleinern (also mehr Folien anzuzeigen) oder zu vergrößern (also weniger Folien einzublenden).

In dieser **Ansicht** können Sie nun jede Folie einzeln anklicken und mit gedrückter Maustaste nach Lust und Laune hin- und herschieben.

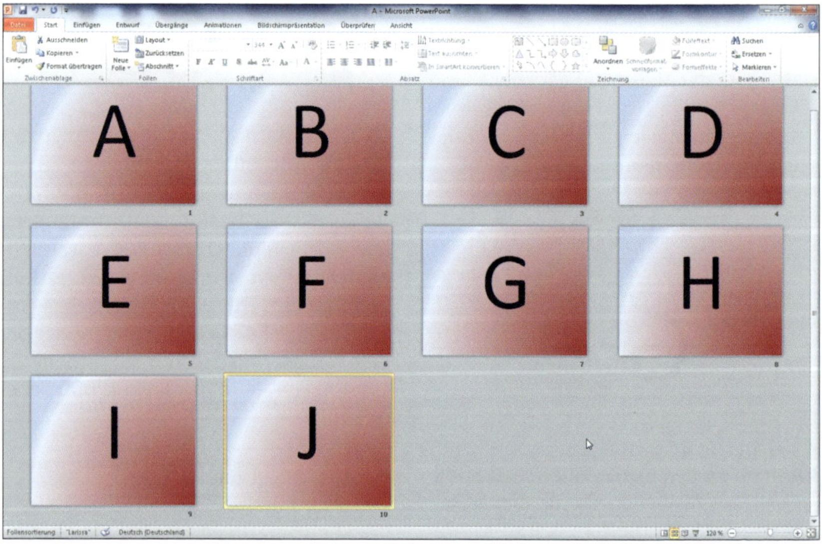

6 Ein weiterer Vorteil dieser Ansicht besteht darin, dass Sie auch mehrere Folien am Stück problemlos verschieben können. Dazu klicken Sie die erste Folie,

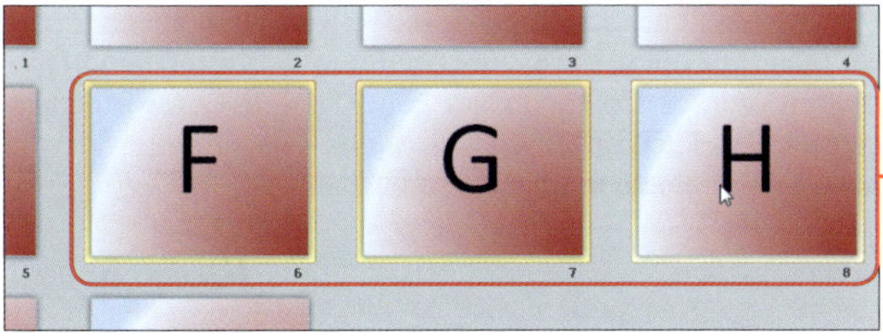

im Beispiel F, des zu verschiebenden Abschnittes an, drücken dann die ⇧-Taste und halten diese gedrückt, bis Sie die letzte Folie des Abschnittes, im Beispiel H, angeklickt haben. Wie Sie sehen, ist jetzt der gesamte Abschnitt markiert: ●. Nun können Sie den markierten Präsentationsabschnitt ebenso beliebig verschieben, wie Sie dies zuvor mit der einzelnen Folie getan haben.

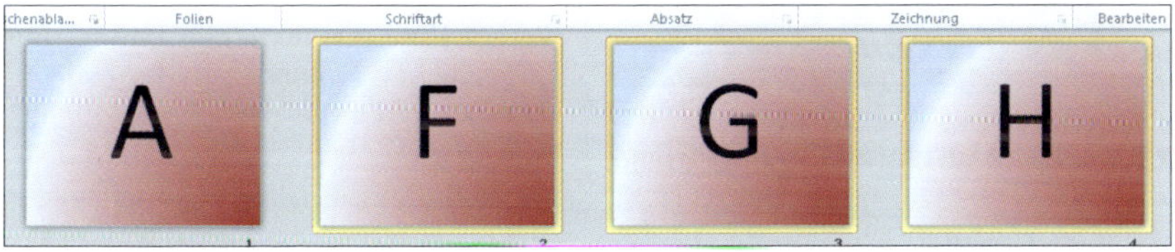

Folien aus anderer Präsentation übernehmen

Mitunter kommt es vor, dass Sie Ihre Präsentation vor einem Publikum abhalten müssen, das auf sehr detaillierten Informationen besteht. In der Regel verfügen Sie über diese Informationen, und in vielen Fällen befinden sich diese Informationen bereits in einer anderen Präsentation.

1 Auch in diesem Fall leistet die Ansicht „Foliensortierung" gute Dienste: Öffnen Sie zunächst die andere Präsentation – ohne die erste Präsentation zu schließen –, und schalten Sie auch hier mit einem Mausklick auf ●

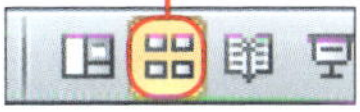

die Anzeige so um, dass die Folien nebeneinander gezeigt werden: ●

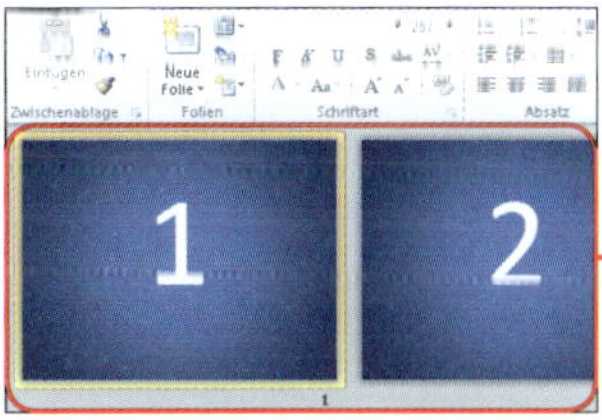

2 Anschließend markieren Sie die Folie oder die Folien, die Sie übernehmen wollen, wie es Ihnen im vorigen Abschnitt gezeigt wurde. Klicken Sie danach im **Menüband** auf das **Symbol**.

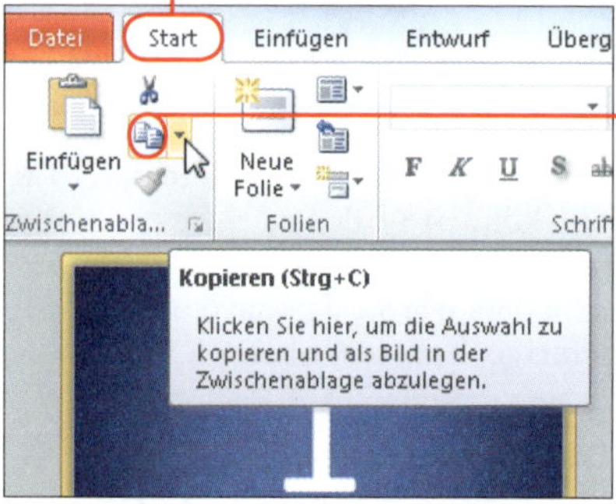

3 Wechseln Sie nun zu Ihrer ursprünglichen Präsentation. In der Ansicht „Foliensortierung“ klicken Sie auf die Stelle, an der die neue(n) Folie(n) eingefügt werden soll(en). Die Position wird durch eine senkrechte Linie

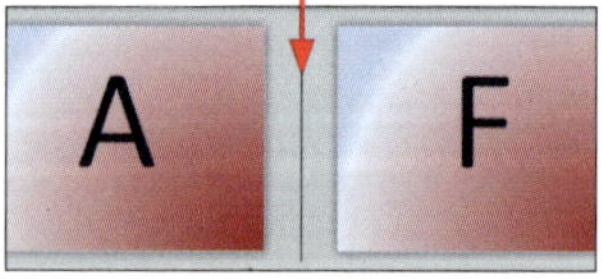

gekennzeichnet. Es folgt ein Klick in der Funktionsgruppe **Zwischenablage** auf die Schaltfläche.

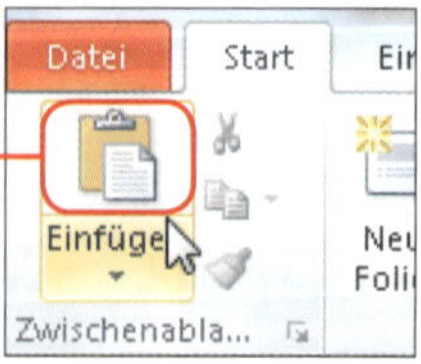

Jetzt sehen Sie, dass Ihre Präsentation abermals umfangreicher und informativer geworden ist.

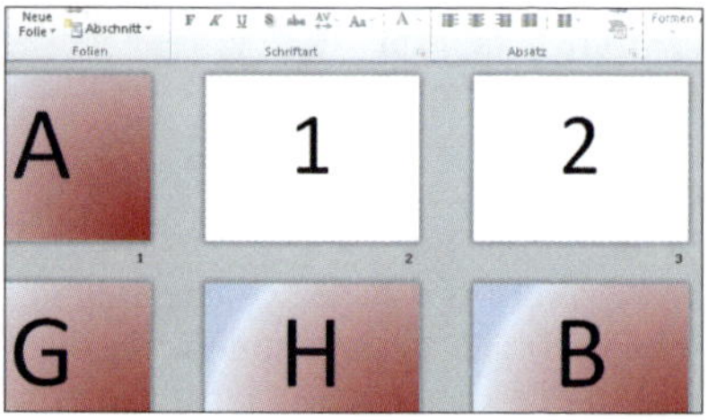

4 Allerdings sehen Sie auch, dass die neu eingefügten Folien auf einem weißen Hintergrund stehen. PowerPoint hat weder das **Foliendesign** der Ziel-Präsentation noch das der ursprünglichen Präsentation für die neuen Folien übernommen. Wenn Ihnen das nicht recht ist, klicken Sie auf das kleine Symbol,

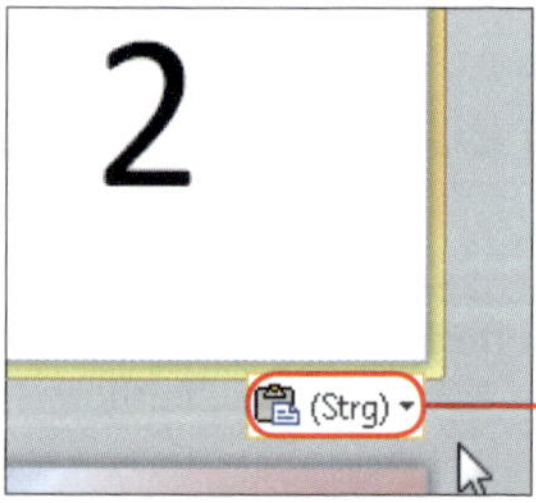

das sich rechts unten bei den eingefügten Folien befindet, und in dem dann geöffneten Menü auf.

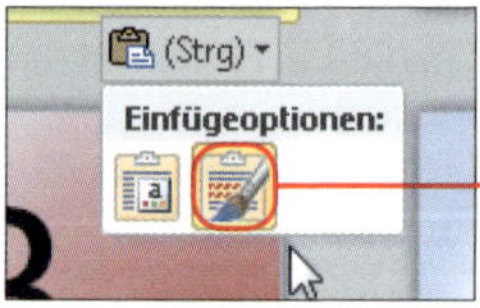

Daraufhin erscheinen die Folien in dem Design, das sie auch in der Präsentation hatten, aus der sie kopiert wurden. Das erhöht die Übersicht und verhindert Verwechselungen.

Folien aus einer Präsentation ausblenden

Bisweilen sind Sie aber auch mit dem genauen Gegenteil konfrontiert: Man lädt Sie ein, einen Vortrag zu halten, den Sie schon mehrfach gehalten haben, allerdings wird dem Vortrag nicht genügend Zeit eingeräumt: Statt der zehn Minuten, die Sie üblicherweise für Ihre Präsentation brauchen, stehen Ihnen gerade mal fünf Minuten zur Verfügung. Also müssen Sie einige Folien aus der Präsentation herausnehmen – am besten ohne diese gleich zu löschen.

2 Der Effekt scheint zunächst mal enttäuschend: Nur die kleinen Zahlen, die in der „Foliensortierung" für die Reihenfolge Ihrer Folien stehen, sind jetzt durchgestrichen dargestellt: ●.

1 PowerPoint bietet Ihnen die Möglichkeit, einzelne Folien oder auch Foliengruppen aus der Präsentation auszublenden. Wechseln Sie am besten wieder in den Modus „Foliensortierung", und markieren Sie die Gruppe von Folien, die ausgeblendet werden soll (siehe Schritt 6 auf Seite 107). Klicken Sie dann mit der *rechten* Maustaste auf die markierte Gruppe, und wählen Sie im **Kontextmenü** die Option ●.

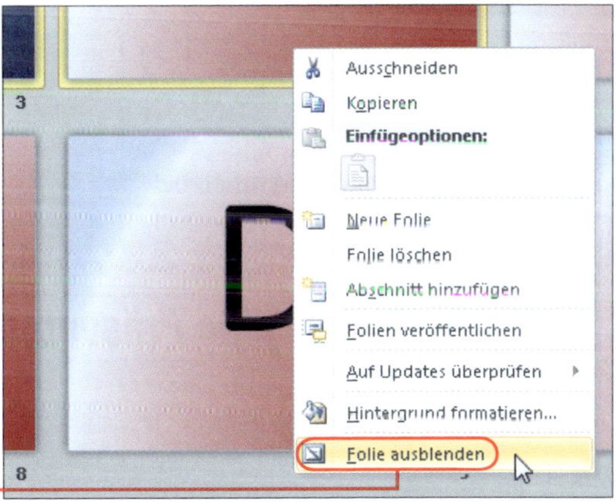

Wenn Sie jedoch in den normalen Arbeitsmodus wechseln, wird die Geschichte schon deutlicher: Die ausgeblendeten Folien, im Beispiel ●,

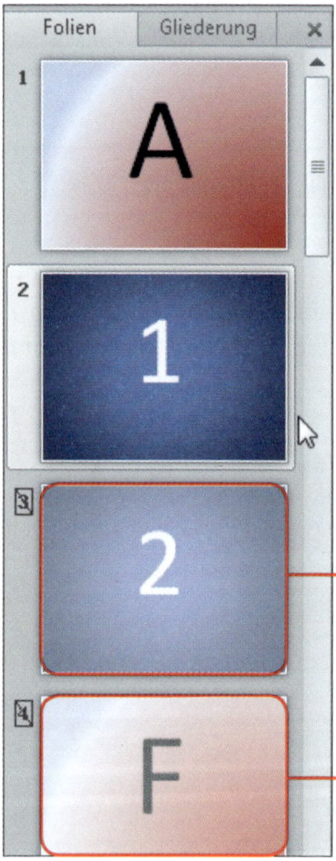

sind in der Folienspalte wesentlich heller, um anzuzeigen, dass sie in der eigentlichen Präsentation nicht auftauchen werden.

3 Damit Sie später die ausgeblendeten Folien für Ihren nächsten Vortrag wieder einblenden können, klicken Sie erneut mit der *rechten* Maustaste auf die ausgeblendete Folie(ngruppe) und wählen aus dem Kontextmenü abermals die Option ●.

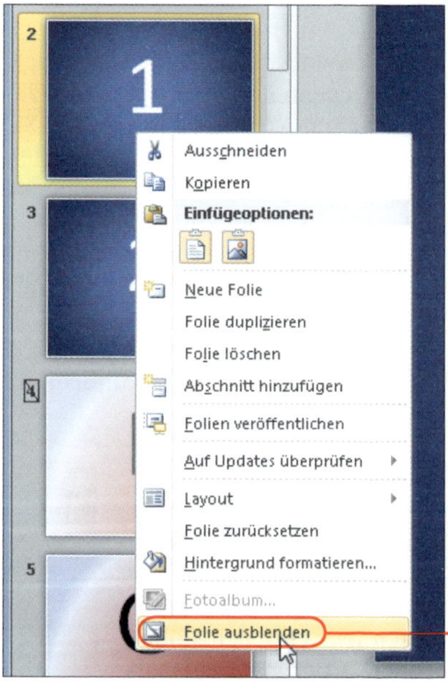

Notizen in eine Präsentation einfügen

Wenn Sie eine Präsentation gründlich vorbereiten und einstudieren, wird Ihnen sicher auffallen, dass bei einigen Folien eine genauere Erläuterung notwendig ist. Sollten Sie das Glück haben, vor „Testpublikum" - also Kollegen, Freunden oder Bekannten - proben zu können, merken Sie womöglich auch, dass die Reaktionen auf diese oder jene Folie nicht unbedingt so ausfallen, wie Sie sich das gewünscht haben. Um hier wirklich gut vorbereitet zu sein, brauchen Sie die Notizfunktion von PowerPoint 2010. Diese ermöglicht es Ihnen, zu Ihrer Präsentation Notizzettel auszudrucken, die Ihnen während Ihres Vortrags weiterhelfen.

1 Zur Normalansicht einer PowerPoint-Folie zählt das Notizfeld. Das ist der weiße Bereich, den Sie unterhalb der Arbeitsfläche mit der aktuellen Folie sehen: ●.

Hier haben Sie beispielsweise die Möglichkeit, ein paar Fakten einzutragen, die Sie nicht auf der Folie unterbringen können oder wollen, die Sie aber gern zur Hand hätten, um für spontane Fragen aus dem Publikum gewappnet zu sein. Dazu klicken Sie einfach in das Feld und überschreiben den Platzhaltertext mit den gewünschten Informationen.

2 Falls Sie für Ihre Anmerkungen mehr Platz benötigen sollten, können Sie den Notizbereich leicht vergrößern. Klicken Sie dazu auf den Balken über dem Notizfeld, sodass der Mauszeiger seine Form verändert ●,

halten Sie die Maustaste gedrückt, und ziehen Sie das Notizfenster mit weiterhin gedrückter Maustaste auf die gewünschte Größe. Danach lassen Sie die Maustaste einfach los.

3 Um nun einen ersten Eindruck von der Notizenseite zu bekommen, klicken Sie auf den **Registerreiter** ●

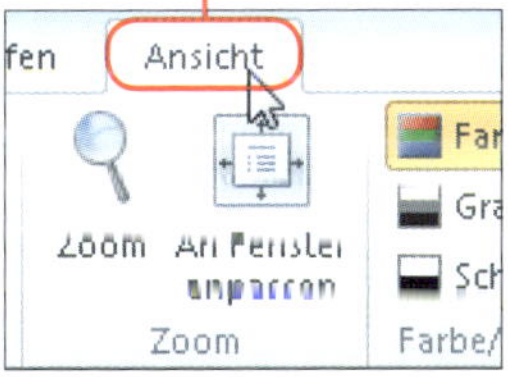

und im dazugehörigen Menüband auf die Schaltfläche ●.

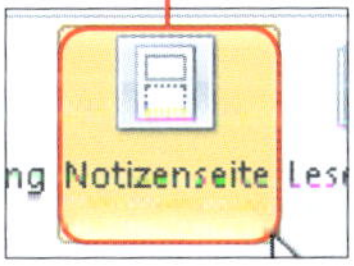

PowerPoint liefert Ihnen daraufhin eine Voransicht Ihrer Notizenseite, auf der also nicht nur die Folie, sondern auch Ihre Notizen auf einer DIN-A4-Seite zu sehen sind.

Eine Präsentation vorführen

Nun ist die Präsentation fertig, und das Publikum wartet gespannt. Wenn Sie die Folien direkt vom eigenen Rechner präsentieren, können Sie hierfür selbstverständlich PowerPoint nutzen.

1 Öffnen Sie Ihre fertige Präsentation, und klicken Sie im Menüband erst auf das Register

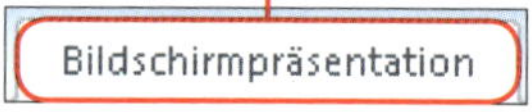

und dann auf

.

2 Daraufhin startet die Präsentation im Vollbildmodus. Das heißt, Sie sehen sie ohne das Bildschirmfenster.

Mit der Leertaste [ ] oder der Pfeiltaste [→] bewegen Sie sich vorwärts durch die Präsentation, rufen also die nächste Folie oder Animation auf. Sehr nützlich ist, dass dies auch mit der linken Maustaste geht, sodass Sie mit einer Funkmaus abseits der Tastatur im Stehen präsentieren können. Um sich rückwärts durch die Präsentation zu bewegen, nutzen Sie die Pfeiltaste [←]. So lässt sich bei Rückfragen beispielsweise die letzte Folie noch einmal aufrufen.

3 Noch mehr Möglichkeiten der Steuerung haben Sie aber, wenn Sie die *rechte* Maustaste drücken. Dann öffnet sich das Kontextmenü, in dem Sie nicht nur vorwärts und rückwärts springen können, sondern sich per Klick auf

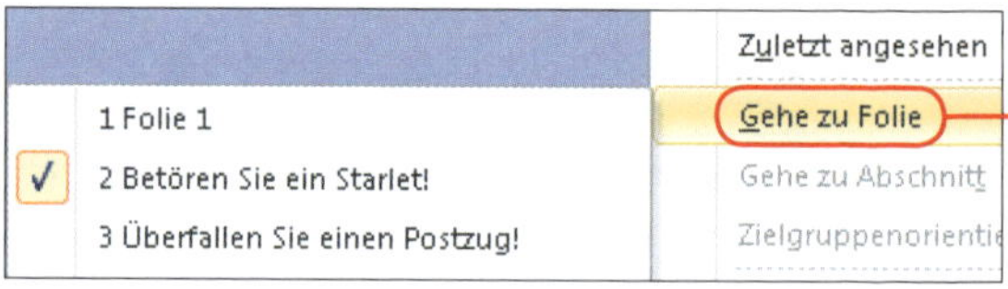

auch direkt eine beliebige Folie der Präsentation abrufen lässt. Nach Anklicken des Befehls

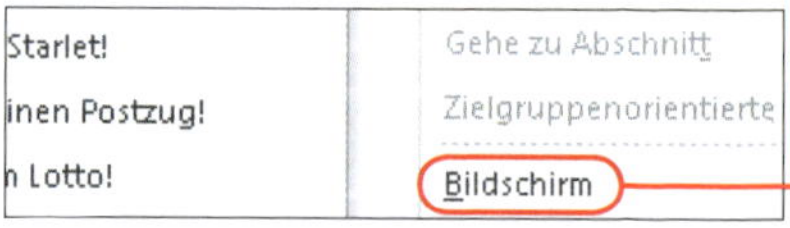

können Sie im Untermenü die Präsentation ausblenden, etwa um eine Pause für eine Diskussion einzulegen. Sie beenden diese Unterbrechung durch einen beliebigen Tastendruck.

4 Mit dem letzten Befehl im Kontextmenü können Sie Ihre Präsentation beenden. Einfacher aber geht es, wenn Sie einfach die [Esc]-Taste drücken.

10 Präsentationen weitergeben

Nun sind Sie fast fertig: Sie kennen alles, was Sie brauchen, um eine **Präsentation** zu entwerfen, zu optimieren, zu trainieren und tatsächlich vor Publikum vorzutragen. Offen bleibt lediglich die Frage, wie Sie Ihre Präsentation auch weitergeben können. Schließlich werden Sie nur selten das Glück haben, in Ihrem Publikum Zuhörer zu finden, die sich alles sofort merken können. Wenn Sie Ihrem Publikum also auch etwas „schwarz auf weiß" in die Hand drücken wollen, können Sie abermals auf PowerPoint vertrauen. Das Programm ermöglicht es Ihnen, die **Folien** Ihrer Präsentation einzeln auszudrucken, diese zu **Handzetteln** zusammenzufassen oder sie elektronisch zu verteilen. Und auch das Internet steht Ihnen für Ihre Präsentationen offen. In Windows Live können Sie Präsentationen speichern, zur Anzeige freigeben und sogar direkt bearbeiten.

Im letzten Kapitel dieses Buches erfahren Sie,

- wie Sie Folien einzeln ausdrucken,
- wie Sie Ihre Notizzettel auf dem Drucker ausgeben,
- wie Sie Handzettel erstellen
- und wie Sie PowerPoint Präsentationen für den Versand per E-Mail vorbereiten oder auch via Internet vorführen.

Kapitel-Wegweiser

Eine Präsentation ausdrucken

Beginnen Sie mit dem Einfachsten: dem Ausdruck einzelner Folien. Wie Sie vielleicht wissen, ist PowerPoint ein vergleichsweise „altes" Programm, das heißt, dass es noch aus der Zeit stammt, als Präsentationen nicht per Großbildmonitor oder Datenprojektor - einem sogenannten Beamer - gehalten wurden, sondern der Vortragende dazu gezwungen war, sich neben einen Overhead-Projektor zu stellen und seine Folien (daher auch der Name PowerPoint-„Folien") einzeln auf den Projektor zu legen. Auch heute lässt sich nicht ausschließen, dass Sie in eine derartige Situation geraten: Vereine oder Schulen beispielsweise verfügen nur selten über eine moderne technische Ausstattung.

Sollten Sie also in die Verlegenheit kommen, Ihre Präsentation nur mithilfe eines Overhead-Projektors vortragen zu müssen, sollten Sie sich zunächst von allen Multimedia-Effekten Ihrer Präsentation verabschieden. Stattdessen kaufen Sie sich im nächsten Schreibwarenladen am besten Blanko-Folien, die von einem Standarddrucker verarbeitet werden können.

1 Damit Ihre Präsentation Folie für Folie einzeln ausgedruckt wird, sorgen Sie zunächst dafür, dass das passende Papier im Drucker liegt. Anschließend klicken Sie auf

und im geöffneten Menü auf

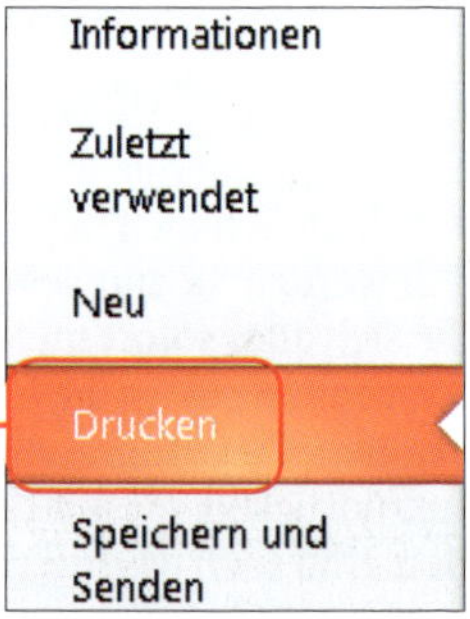

Daraufhin öffnet PowerPoint ein Fenster, in dem Sie den Druckbefehl präzisieren können.

2 Im oberen Bereich finden Sie detaillierte Informationen zum angemeldeten Drucker. Falls Sie mehrere Drucker besitzen, klicken Sie neben dem Auswahlfeld auf den Pfeil ● und in der daraufhin geöffneten Liste auf den gewünschten Drucker, zum Beispiel auf ●,

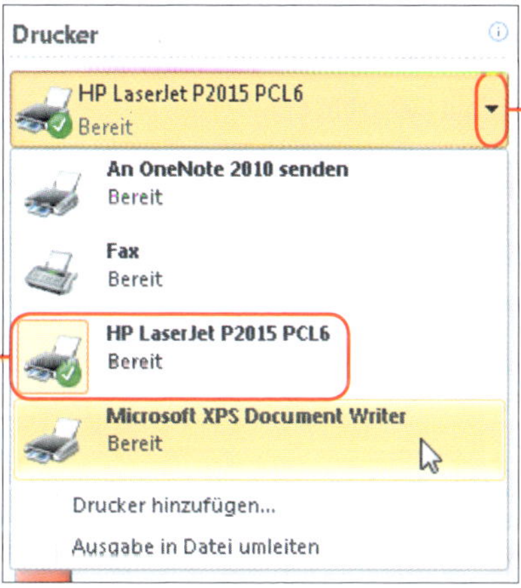

wenn die Präsentation mit einem Farbdrucker ausgedruckt werden soll.

3 Im **Dialogfenster** „Drucken“ können Sie zudem bestimmen, welcher Teil Ihrer Präsentation gedruckt werden soll. Lassen Sie die Voreinstellung ●

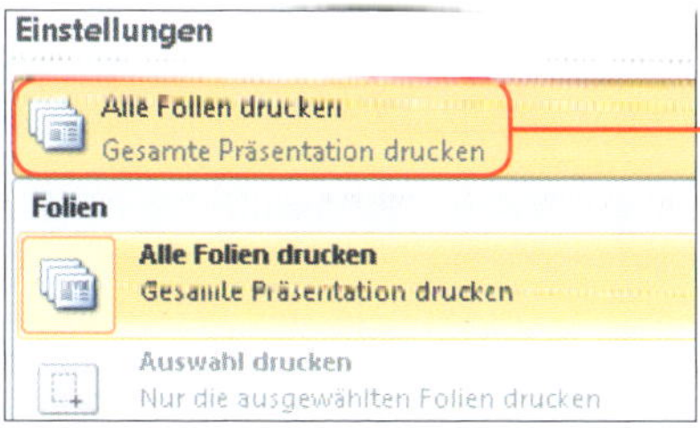

Druckereigenschaften und Wartung steuern

Für spezielle Einstellungen öffnen Sie mit einem Mausklick auf

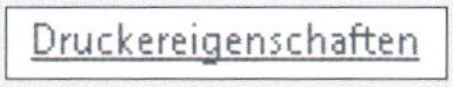

das Steuerungsmenü Ihres Druckers. Wenn Sie hier etwa auf ●

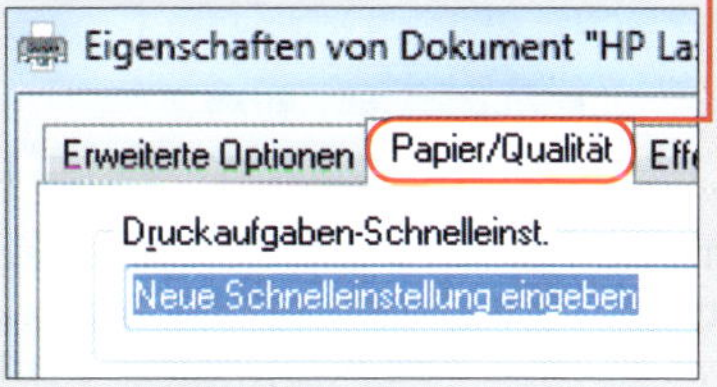

klicken, können Sie zum Beispiel die optimale Papiersorte auswählen

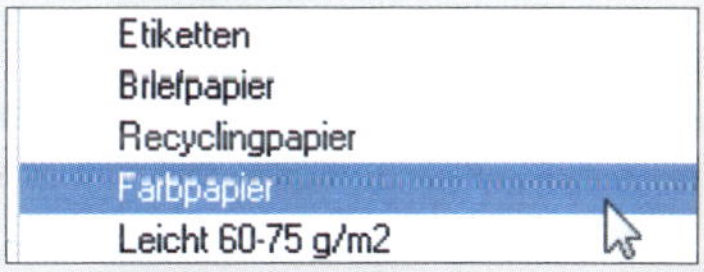

oder das Papierformat festlegen.

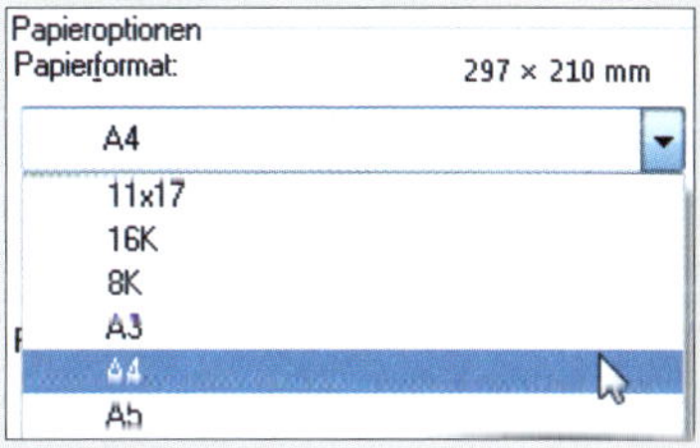

Die Optionen, die das Menü „Druckereigenschaften“ bietet, werden übrigens nicht von PowerPoint gesteuert, sondern von Ihrem Druckertreiber. Sie hängen also stets vom gewählten Drucker ab.

unverändert, wird die komplette Präsentation ausgedruckt. Wenn Sie - beispielsweise nach einer Änderung - nicht die gesamte Präsentation, sondern nur eine Folie ausdrucken möchten, klicken Sie stattdessen auf ●.

In dem Fall wird nur die Folie ausgedruckt, die im **Arbeitsbereich** angezeigt war, als der Druckbefehl gestartet wurde.

4 Aber auch einen Teilbereich einer Folie können Sie ausdrucken: Sofern Sie zuvor einen bestimmten Bereich Ihrer Präsentation markiert haben, wird dieser nach einem Klick auf ● ausgedruckt.

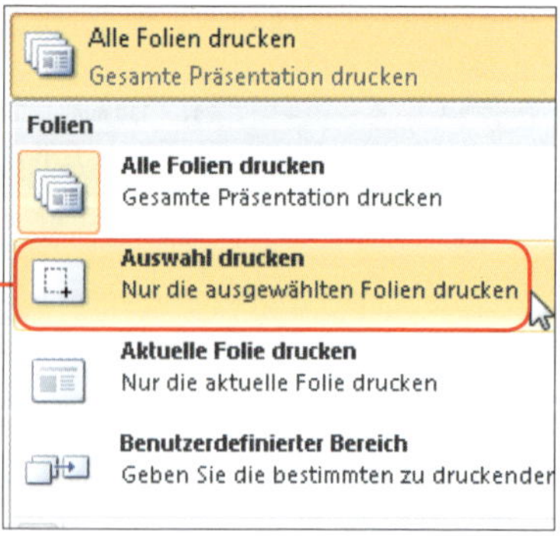

5 Möchten sie hingegen, dass nur bestimmte Folien ausgedruckt werden, klicken Sie auf ● und tippen anschließend ins Feld darunter ●

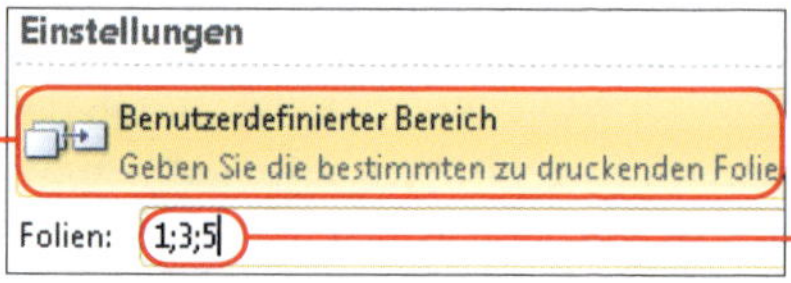

die Nummern der zu druckenden Folien - jeweils durch ein Semikolon abgetrennt - einzeln ein.

6 Um festzulegen, wie viele Exemplare von jeder Folie ausgedruckt werden, klicken Sie im Auswahlfenster „Exemplare" ganz oben auf die Pfeiltasten ●.

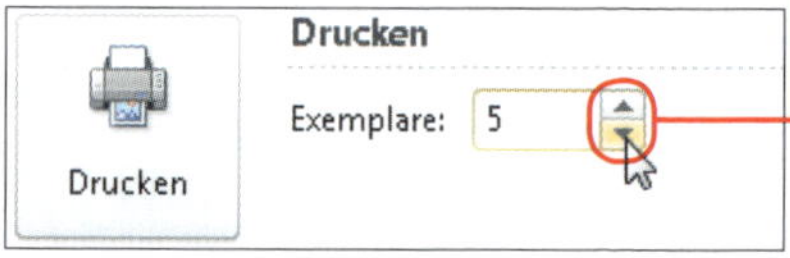

7 Ebenso können Sie definieren, in welcher Sortierung die Folien gedruckt werden. Klicken Sie zunächst auf ●, und wählen Sie dann über die beiden darunter erscheinenden Schaltflächen ●

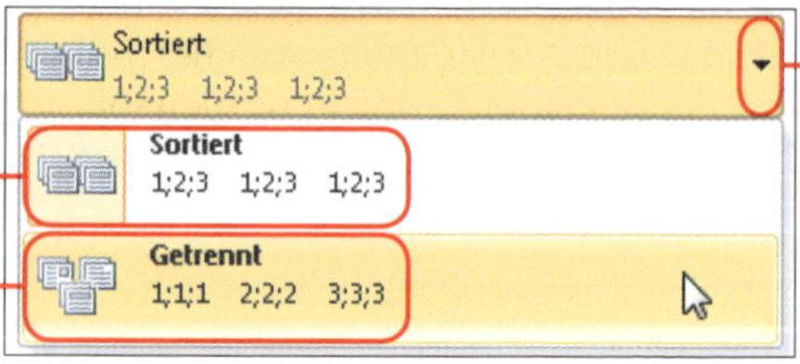

die gewünschte Sortierung aus. Bei der Option „Sortiert" werden - wenn Sie mehrere Exemplare der Präsentation ausdrucken - erst alle Folien des ersten Exemplars ausgedruckt, dann alle Seiten

1 Die verschiedenen Möglichkeiten, Handzettel auszudrucken, sind in einer eigenen Gruppe des Drucken-Menüs zusammengefasst. Sie befindet sich direkt unter dem Bereich „Drucklayout“, in dem Sie im vorigen Abschnitt auch schon die Option zum Ausdruck von Notizzetteln aktiviert haben: .

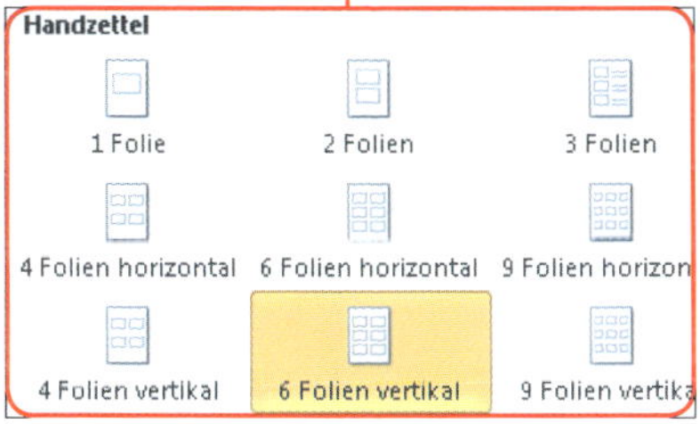

2 Hier können Sie entscheiden, wie viele Folien in welcher Anordnung auf den Handzetteln gedruckt werden sollen. Wichtig ist zudem die Option .

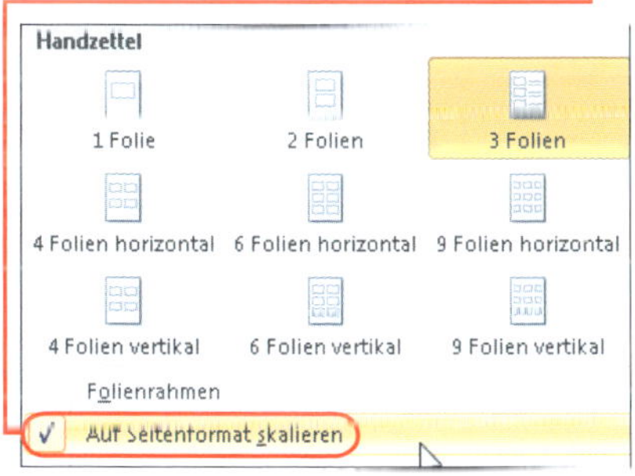

Wenn Sie dort mit einem Mausklick ein Häkchen setzen, sorgt PowerPoint automatisch dafür, dass die Folien optimal an das jeweilige Seitenformat angepasst werden.

3 Um auf Nummer sicher zu gehen, sollten Sie auch hier den Effekt Ihrer Wahl überprüfen, ehe Sie den Druckbefehl abschicken. Dazu dient wie immer die rechts eingeblendete Druckvorschau.

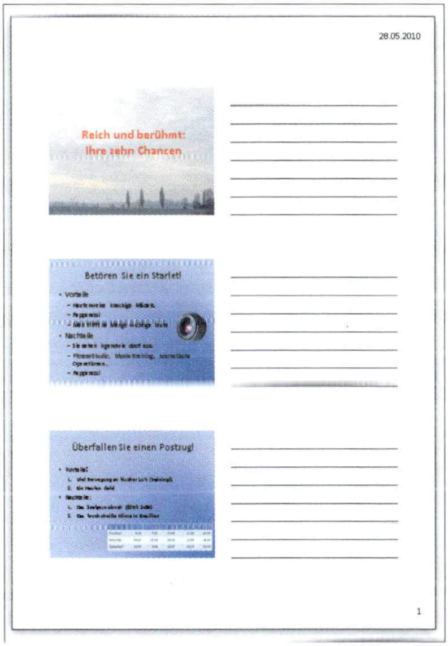

Präsentation weitergeben und versenden

Es gibt Situationen, in denen Sie Ihre Präsentation nicht selbst vorstellen können, sondern sie per **E-Mail** verschicken müssen. Dabei ist zu bedenken, dass nicht jeder Empfänger Ihrer E-Mail eine PowerPoint-Version besitzt. Aber auch daran haben die Entwickler von PowerPoint gedacht: Sie können Ihre Präsentation auch in Formaten speichern, die dann auf jedem Windows-PC abgespielt werden können – ganz gleich, ob auf diesem PC PowerPoint **installiert** ist oder nicht.

1 Dazu klicken Sie am linken oberen Bildschirmrand auf die Schaltfläche

und wählen anschließend die Option

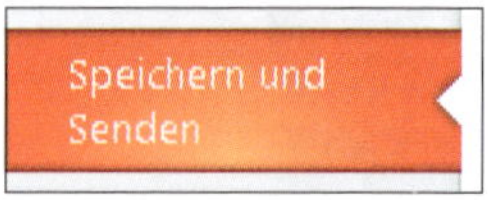

.

Daraufhin sehen Sie, welche Möglichkeiten es gibt, Ihre Präsentation auch jenen Kollegen zugänglich zu machen, die nicht über PowerPoint 2010 verfügen.

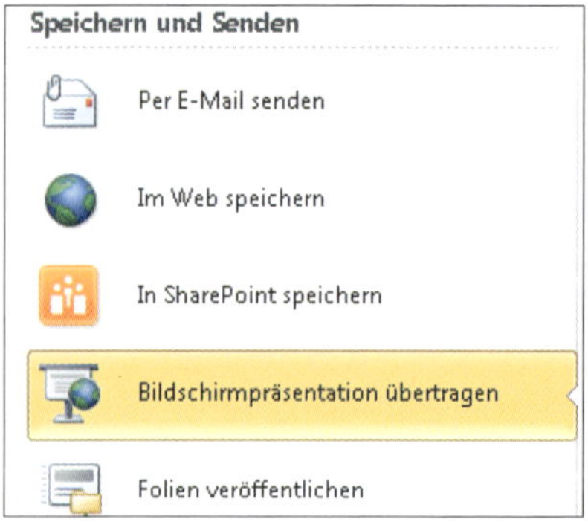

2 Am einfachsten ist es, die Präsentation im sogenannten PDF-Format zu speichern. Dieses Format wurde von der Firma Adobe entwickelt und kann sowohl vom kostenlosen „Acrobat Reader" als auch von einer Vielzahl anderer Betrachter-Programme gelesen und dargestellt werden. Nicht zuletzt sind auch die meisten modernen Handys in der Lage, PDF-Dateien anzuzeigen. Klicken Sie also als Erstes auf

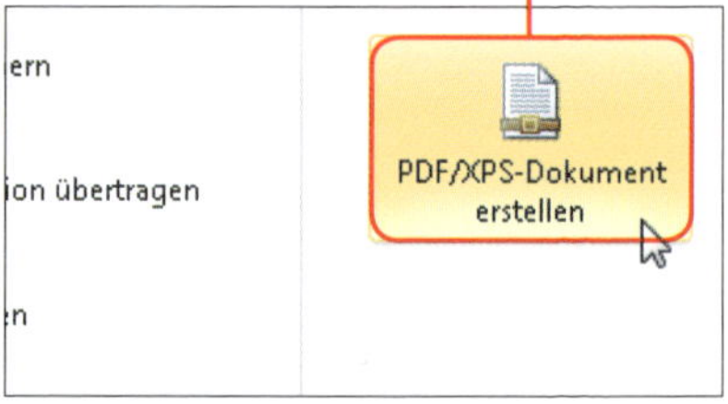

und dann auf den Befehl .

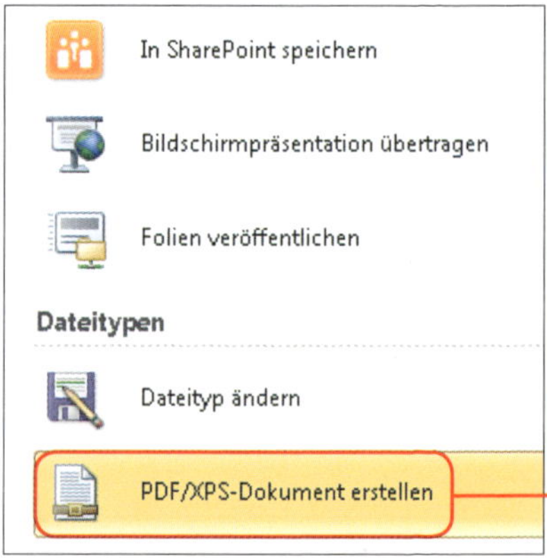

3 Nun können Sie festlegen, unter welchem Namen und in welchem Format PowerPoint Ihre **Datei** speichert.

Das Programm ist hier so voreingestellt, dass es den bisherigen Namen der Präsentation beibehält und automatisch das PDF Format vorschlägt, hier ●.

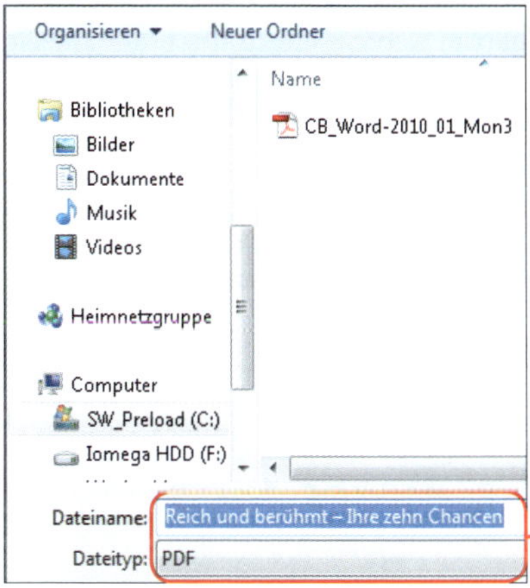

4 Wenn Sie sich die Datei jetzt im Windows-Explorer ansehen, finden Sie neben Ihrer PowerPoint-Präsentation eine PDF-Datei, die lediglich ein Zehntel der Größe des Originals hat und daher leicht als E-Mail-Anhang versendet werden kann.

5 Mitunter kommt es aber auch vor, dass Sie eine Präsentation nicht per E-Mail verschicken wollen, sondern lieber auf eine **CD** brennen und auf diese Weise weitergeben möchten. Dazu öffnen Sie wieder das Menü „Speichern und Senden", klicken dann jedoch zunächst auf ●

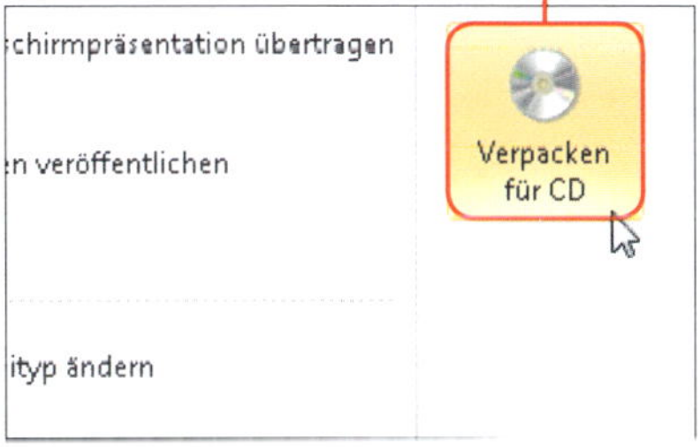

und danach auf den Eintrag ●.

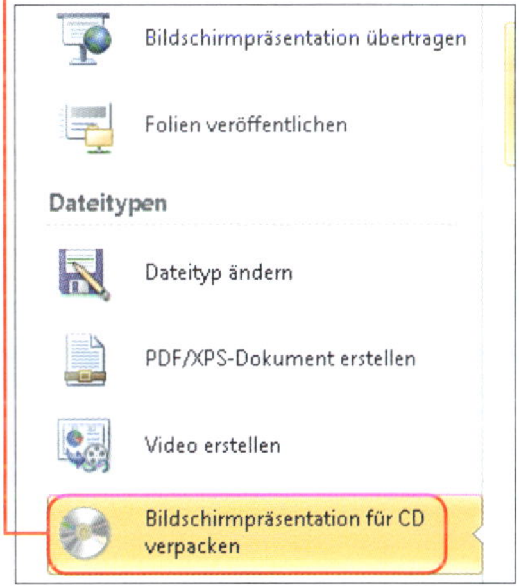

6 Im Fenster, das sich daraufhin öffnet, können Sie alle Voreinstellungen unverändert lassen. Zur Bestätigung brauchen Sie nur auf die Schaltfläche ● zu klicken.

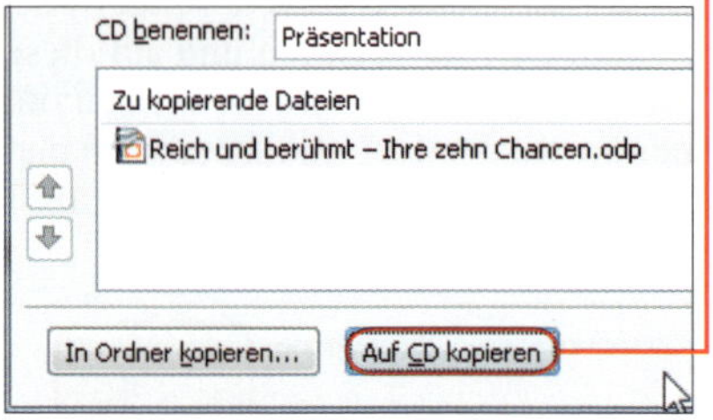

7 Bevor die CD allerdings gebrannt wird, fragt das Programm noch einmal kurz nach, ob es auch alle mit der Präsentation verknüpften Dateien abspeichern soll. Diese Frage bezieht sich in erster Linie auf Audiodateien oder Videoclips, die Sie in Ihre Präsentation eingebaut haben. Sofern diese mit auf die CD gepackt werden sollen, bestätigen Sie dies einfach per Klick auf ●.

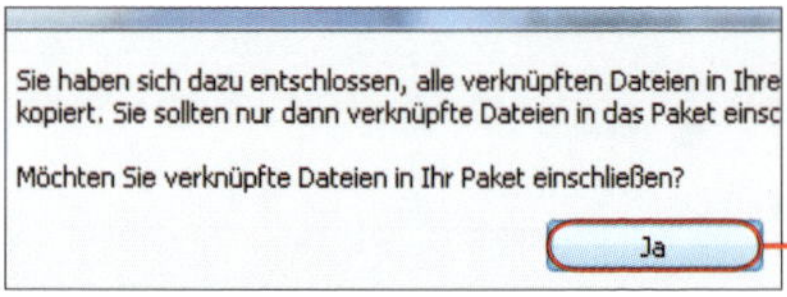

Präsentationen im Internet speichern

Eine elegante Art, Präsentationen zugänglich zu machen, bietet das **Internet**. Hierfür können Sie kostenlos „Windows Live“ nutzen. In diesem Internetdienst stellt Ihnen Microsoft 25 Gigabyte Speicherplatz gratis zur Verfügung. Der Vorteil: Auf Präsentationen, die Sie dort ablegen, können Sie und - sofern Sie es wünschen - auch andere Personen von jedem beliebigen Rechner aus, der über einen Internetanschluss verfügt, zugreifen. Um eine PowerPoint-Datei im Internet zu speichern, benötigen Sie keinerlei Zusatzprogramme. Es funktioniert so einfach wie das Speichern auf Ihrem Rechner selbst.

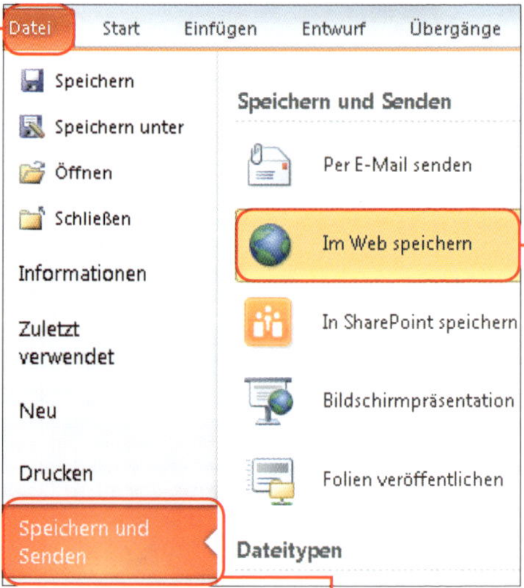

1 Damit Sie eine Präsentation im Internet speichern können, klicken Sie als Erstes auf ●, dann auf ● und schließlich auf den Befehl ●.

2 Um den Speicherplatz von Windows Live zu nutzen, brauchen Sie ein Benutzerkonto. Wie Sie das dafür nötige Benutzerkonto anlegen, erfahren Sie im Kasten rechts. Diese Schritt-für-Schritt-Anleitung geht davon aus, dass Sie sich für das sogenannte Live-Konto bereits registriert haben. Klicken Sie in dem Fall auf die Schaltfläche ●.

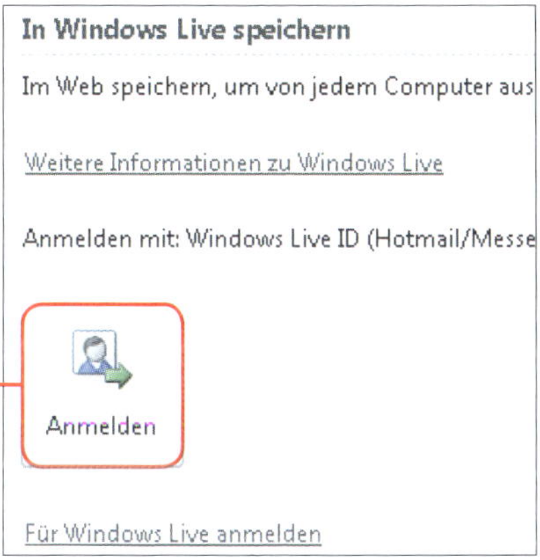

3 Für die Anmeldung tippen Sie nun die E-Mail-Adresse und das Kennwort ein, die zu Ihrem Windows Live-Konto gehören. Klicken Sie anschließend zur Bestätigung auf die Schaltfläche ●.

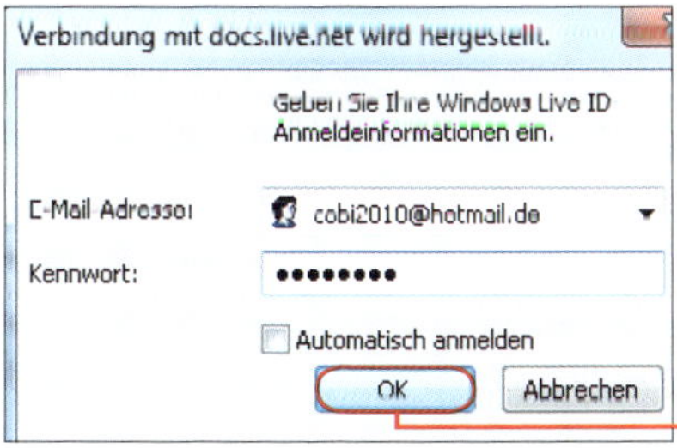

Ein Windows Live-Konto anlegen

Falls Sie noch kein Windows Live-Konto haben sollten, klicken Sie im Schritt 2 der nebenstehenden Anleitung auf

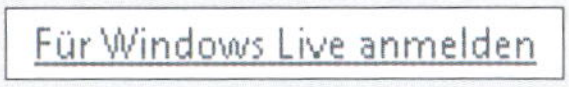

.

Dann werden Sie mit der Anmeldeseite verbunden. Um sich zu registrieren, brauchen Sie nur das Formular

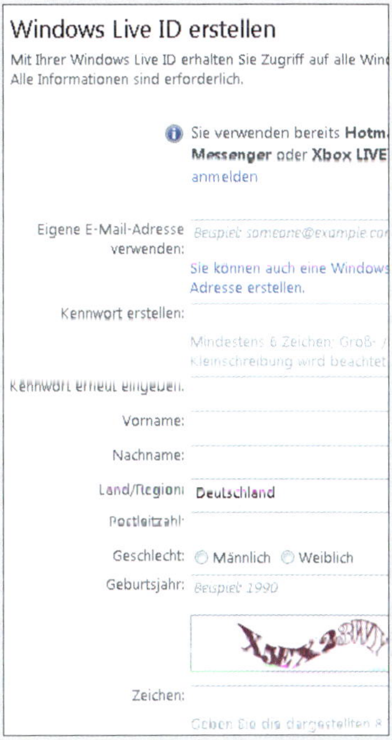

auszufüllen und den weiteren Anweisungen zu folgen. Keine Angst, das ist in wenigen Minuten erledigt und kostet Sie keinen Cent.

4 Daraufhin wird die Ordnerstruktur Ihres Windows Live-Kontos angezeigt. Wenn Ihre Präsentation im Internet nicht für jedermann frei zugänglich sein soll, können Sie sie in einem geschützten Bereich ablegen. Klicken Sie hierfür auf den Eintrag ●.

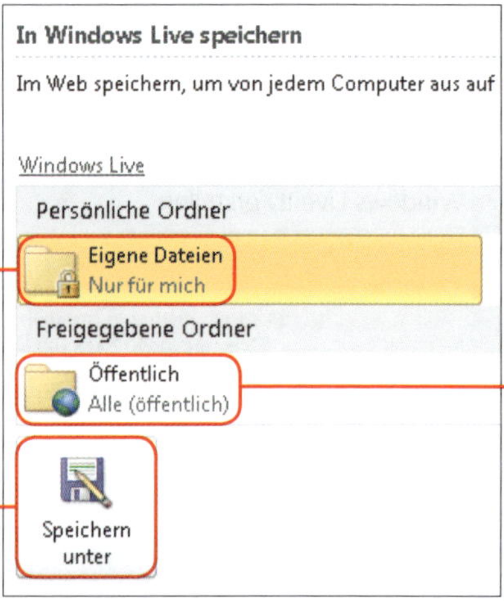

Um Ihre Präsentation öffentlich zugänglich zu machen, klicken Sie auf ●. Anschließend klicken Sie auf den Befehl ●.

5 Nun öffnet sich - ganz wie beim Speichern auf Ihrem Rechner - ein Explorer-Fenster. Die seltsam aussehende Speicheradresse, hier ●,

brauchen Sie nicht weiter zu beachten. Vergeben Sie einfach einen Dateinamen Ihrer Wahl, im Beispiel ●,

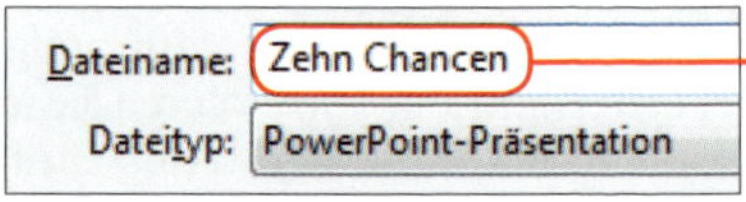

und klicken Sie danach auf

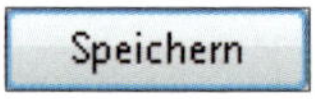

.

Das war es auch schon: Die Datei ist jetzt im Internet in Ihrem Windows Live-Konto gespeichert.

6 Wenn Sie die Präsentation im **Ordner** „Eigene Dateien" nur für sich selbst gespeichert haben, können Sie von jedem beliebigen PC aus über das Internet darauf zugreifen. Rufen Sie zunächst die Internetadresse **www.live.de** auf. Identifizieren Sie sich, indem Sie Ihre Benutzerdaten in die dafür vorgesehenen Felder ● eintippen, und klicken Sie dann auf ●.

7 Damit Sie nun Ihre virtuelle Festplatte erreichen, klicken Sie in der Navigationsleiste am oberen Rand auf ●

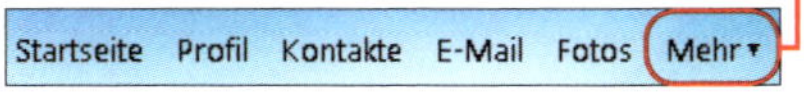

und anschließend auf den Eintrag ●.

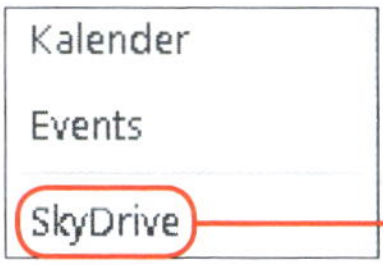

Öffnen Sie dann den Ordner, in dem die Präsentation gespeichert ist ●,

mit einem Mausklick.

8 Sobald Sie jetzt auf die Präsentation klicken, im Beispiel ●,

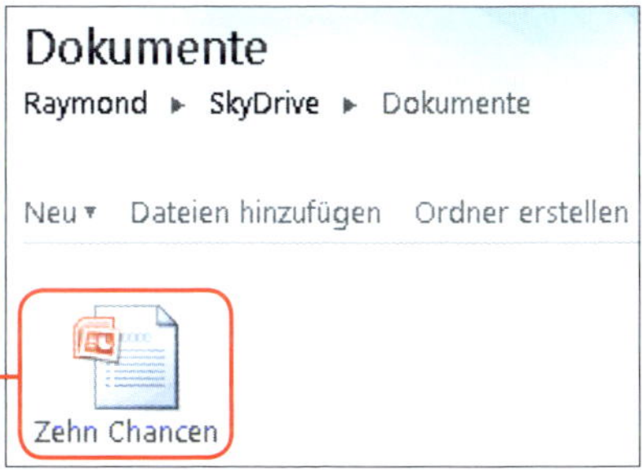

erscheint eine Befehlsleiste ●.

9 Nun haben Sie verschiedene Möglichkeiten. Nach einem Mausklick auf

öffnen Sie die Präsentation im Browser. Sie können sie also online lesen, ohne dass PowerPoint auf dem Rechner installiert sein muss.

Klicken Sie im Ordner dagegen auf

,

können Sie die Präsentation auf den Rechner überspielen. Sie können Ihre gespeicherte Präsentation sogar bearbeiten, ohne dass PowerPoint auf dem Rechner installiert ist. Dazu brauchen Sie nur auf

Bearbeiten

zu klicken. Wie Sie in der Abbildung unten sehen, gibt es online ebenfalls ein, wenn auch reduziertes Menüband, sodass Sie die wichtigsten Befehle wie gewohnt zur Verfügung haben.

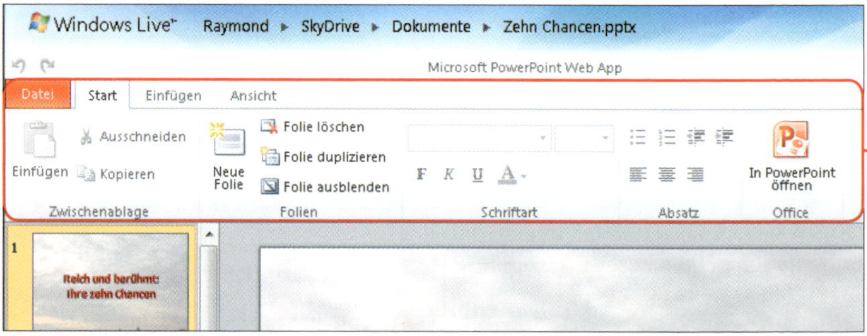

10 Wenn Sie die Datei in Schritt 4 dieser Anleitung im öffentlichen Ordner gespeichert haben, kann auch ein nicht angemeldeter Benutzer die Präsentation herunterladen. Hierfür muss selbstverständlich der öffentliche Ordner, in dem die Präsentation gespeichert ist, bekannt sein. Um diesen Pfad an die entsprechende(n) Person(en) weiterzugeben, wechseln Sie in Windows Live in den Ordner, klicken das Präsentationssymbol

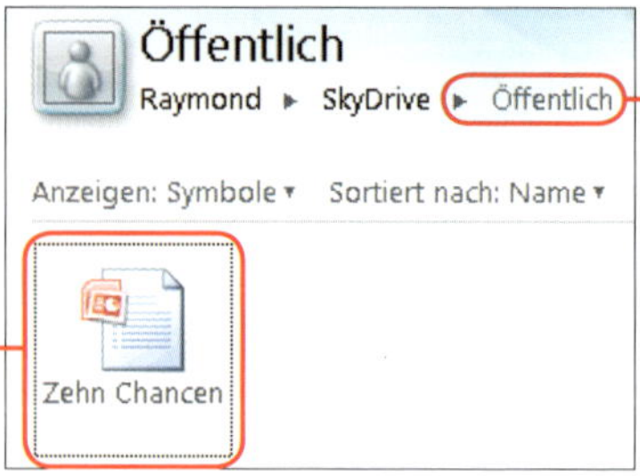

mit der *rechten* Maustaste an und wählen im **Kontextmenü** den Befehl

Verknüpfung kopieren.

Nun befindet sich die Verknüpfung zu der Präsentation in der **Zwischenablage**, und Sie können sie mit dem Tastenschlüssel Strg und V in eine E-Mail einfügen und versenden.

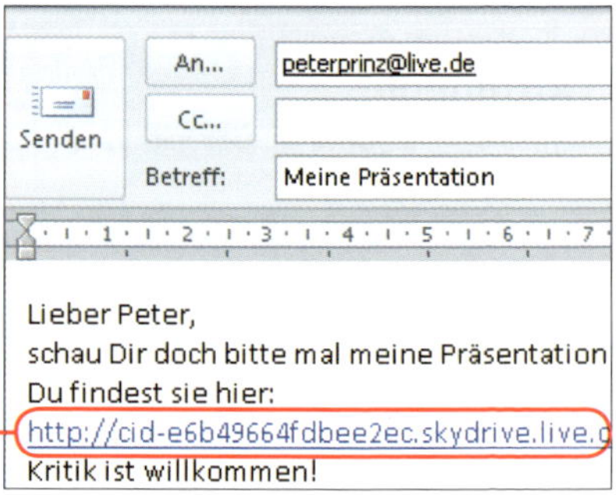

Der Empfänger kann die Präsentation dann laden und, wenn er bei Windows Live angemeldet ist, sogar online kommentieren. Dazu nimmt er Stellung, etwa ●, und klickt dann einfach auf ●.

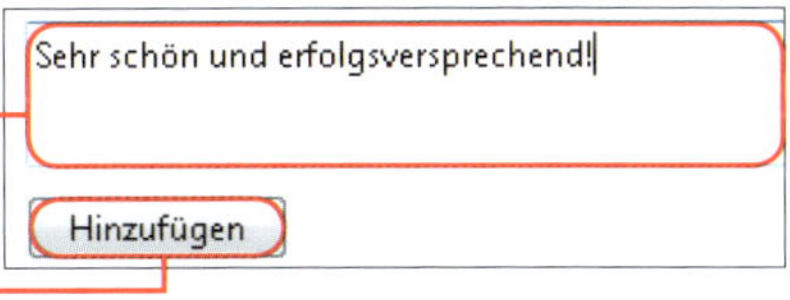

Präsentieren über das Internet

Sie können Ihre Präsentationen auch direkt über das Internet vorführen.

1 Um eine Präsentation anderen Teilnehmern via Internet zu zeigen, klicken Sie zunächst auf

dann auf ● und schließlich auf ●.

2 Wechseln Sie in den Übertragungsmodus mit einem Klick auf

,

und starten Sie die Übertragung mit

.

3 Nachdem die Übertragung abgeschlossen ist, öffnet sich ein Fenster mit einer Internetadresse, hier ●. Diese Adresse geben Sie an die Teilnehmer Ihrer Präsentation weiter, beispielsweise per E-Mail: ●.

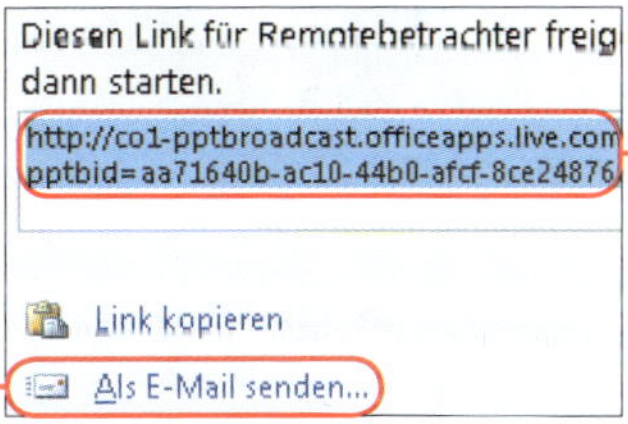

Mit einem Mausklick auf

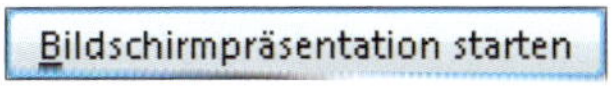

starten Sie die Vorführung. Die Teilnehmer können Ihrer Präsentation folgen, indem sie die übermittelte Internetadresse in ihren Browser eingeben.

4 Um die Präsentation zu stoppen, drücken Sie die [Esc]-Taste und klicken an schließend auf

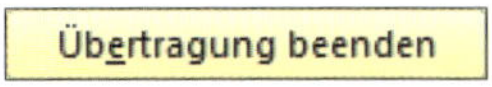

.

Was ist eigentlich ...?

Anfasser

Bei Anfassern handelt es sich um Markierungen am Rand und den Ecken von grafischen Elementen, über die die Größe eines Bildes verändert oder der Inhalt einer Grafik beschnitten werden kann. Anfasser lassen sich mit der Maus ziehen, während die Maustaste gedrückt bleibt.

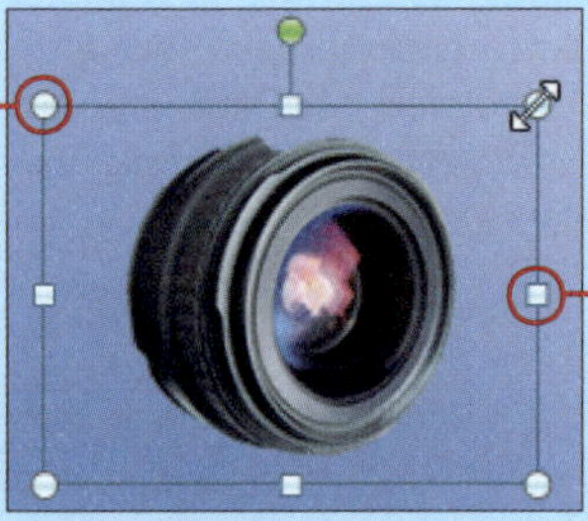

Animationseffekt

Sie können den einzelnen Elementen jeder → Folie Animationseffekte zuweisen. Der Animationseffekt legt fest, wie das Objekt während der Präsentation eingeblendet wird und welches Geräusch dabei ertönt. In der → Folienansicht können Sie jeder Folie eine eigene Animation zuweisen. Wechseln Sie dazu in die gewünschte Folie, und aktivieren Sie das Element, dem ein Animationseffekt zugewiesen werden soll.

Ansicht

Unter einer Ansicht versteht man eine bestimmte Darstellungsvariante für

Was ist eigentlich ...?

Präsentationen. Ihnen stehen in PowerPoint folgende Ansichten zur Verfügung:

- Normal (→ Folienansicht)
- → Foliensortierung
- Notizseite
- → Bildschirmpräsentation

Arbeitsbereich

Der Bereich in einem Anwendungs- oder Dokumentfenster, in dem Sie Daten bearbeiten, wird als Arbeitsbereich bezeichnet. In PowerPoint erscheinen hier die dargestellten → Folien.

Benutzeroberfläche

Die Arbeitsfläche Ihres Computers (auch Desktop genannt) oder eines Programms, die Sie nach dem Start des Betriebssystems oder der Anwendung zu sehen bekommen, wird auch Benutzeroberfläche genannt.

Bildlaufleiste

Sobald sich der Inhalt eines Fensters nicht mehr vollständig darstellen lässt, werden am rechten beziehungsweise unteren Bildschirmrand des Fensters Bildlaufleisten sichtbar. Ein Klick mit der linken Maustaste auf die äußeren Pfeile der Bildlaufleiste verschiebt den Inhalt des Fensters zeilenweise. Wenn Sie hingegen auf das Rechteck innerhalb der Leiste klicken, die Maustaste gedrückt halten und das Rechteck mit weiterhin gedrückter Maustaste ziehen,

Was ist eigentlich ...?

können Sie schnell auch einen größeren Abstand überwinden.

Bildschirmpräsentation

Die Bildschirmpräsentation ist eine der → Ansichten von PowerPoint. In dieser Ansicht führen Sie Ihrem Publikum die → Folien einer Präsentation vor. Dabei füllen die Folien den Bildschirm komplett aus.

Byte

Die Größe von Daten auf dem Computer wird in Byte gemessen. 1024 Byte sind ein Kilobyte (KB), 1024 Kilobyte sind ein Megabyte (MB). Da zum Beispiel Festplatten mittlerweile sehr groß sind, also entsprechend mehr Daten fassen, werden diese in der Einheit Gigabyte (GB) angegeben. Ein Gigabyte sind 1024 Megabyte.

CD

„CD" steht für „**C**ompact **D**isc". Auf CDs lassen sich Daten, Bilder und Musik speichern. CD-Laufwerke moderner

Was ist eigentlich ...?

Computer spielen normalerweise neben Musik-CDs auch DVDs ab, sodass am PC auch Videos vorgeführt werden können. Außerdem lassen sich auf beschreibbaren CDs und DVDs mit dem geeigneten Laufwerk auch Daten speichern.

ClipArt

Unter einer ClipArt werden Grafiken verstanden, die Ihnen PowerPoint zur raschen Illustration von Präsentationen zur Verfügung stellt. In der ClipArt-Gallery finden Sie zu verschiedenen Kategorien eine Vielzahl von ClipArts.

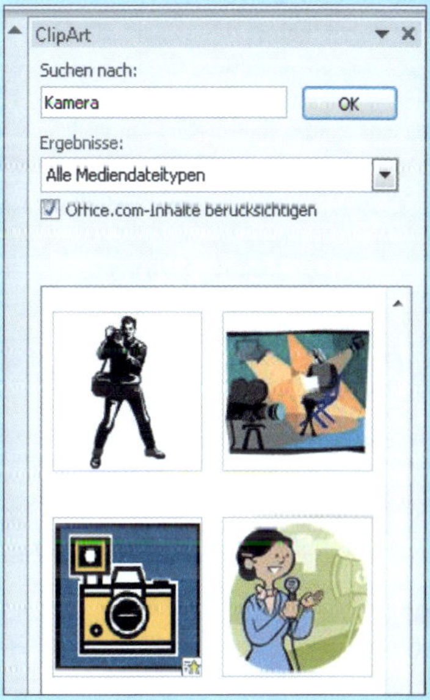

Was ist eigentlich ...?

Datei

Alle Daten, mit denen Ihr Computer arbeitet, sind in Dateien erfasst. So bestehen Programme oft aus Tausenden von Dateien. Wenn Sie ein Dokument speichern, legen Sie ebenfalls eine neue Datei an. Um nicht in einer unübersichtlichen Flut von Dateien unterzugehen, können Sie Dateien in → Ordnern zusammenfassen.

Diagramm

Wenn die Daten einer Tabelle grafisch dargestellt werden, spricht man von einem Diagramm. Trends oder Zusammenhänge können Sie in einem Diagramm oft schneller und besser erkennen als aus den Zahlen einer Tabelle. PowerPoint bietet zahlreiche Diagrammtypen, mit denen Sie Ihre Daten beispielsweise als Kurven, Torten, Balken, Säulen oder Flächen darstellen können.

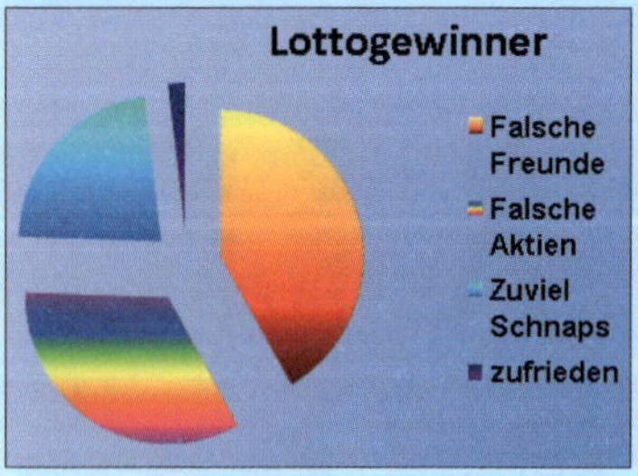

Dialogfenster

Ein Dialogfenster ist ein Eingabefenster, über das Sie Einstellungen an ein Programm weitergeben. Sie übergeben Informationen, legen Namen fest oder aktivieren Optionen.

Doppelklick

Bei einem Doppelklick zeigen Sie auf das Symbol eines → Ordners oder eines Programms und betätigen dann zweimal kurz hintereinander die linke Maustaste. Mit einem solchen Doppelklick werden Ordner geöffnet und Programme gestartet. Der Doppelklick auf eine Datei startet das dazugehörige Programm und lädt direkt diese Datei.

Einfügemarke

Die blinkende Einfügemarke, auch Cursor genannt, kennzeichnet jene Stelle im Text, an der das nächste über die Tastatur eingegebene Zeichen erscheint. In → Dialogfenstern müssen Sie die Einfügemarke in den Eingabefeldern positionieren, um dort Eingaben vorzunehmen. Sie bewegen die Einfügemarke mit den Pfeiltasten oder mit der Maus, indem Sie in einen bestehenden Text klicken, damit die Einfügemarke genau dort erscheint.

E-Mail

Die elektronische Post („**E**lectronic **Mail**") hat im Internet die Funktion der traditionellen Post übernommen. Mit einem E-Mail-Programm wie Windows Live Mail oder Outlook können Sie Textnachrichten oder Dokumente jeder Art

Was ist eigentlich ...?

versenden und auch empfangen – und zwar blitzschnell und weltweit.

Excel

Excel 2010 ist die aktuelle Version des Tabellenkalkulationsprogramms, das im Office-Paket von Microsoft enthalten ist. Mit einer Tabellenkalkulation können Sie bequem Listen und Übersichten erstellen, einfache und komplizierte Berechnungen oder Analyse vornehmen sowie Daten in Datenbanken speichern oder in Form von → Diagrammen übersichtlich zur Darstellung bringen.

Folie

Jede Präsentation besteht aus mehreren Folien. Eine Folie ist eine Seite einer Präsentation, auf der Sie Ihrem Publikum bestimmte zusammengehörende Informationen vermitteln.

Folienansicht

Die Folienansicht ist die Normalansicht von PowerPoint.

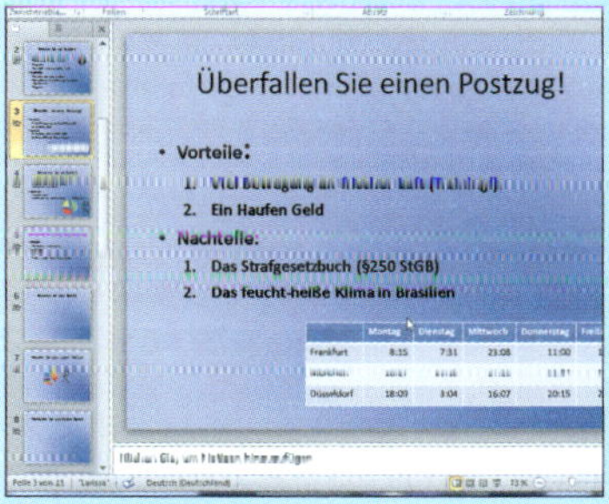

Was ist eigentlich ...?

In dieser → Ansicht sehen Sie immer eine komplette → Folie auf dem Bildschirm. In der Folienansicht füllen Sie die einzelnen Folien mit Inhalten oder bearbeiten bestehende Folien.

Foliendesign

Das Foliendesign legt fest, wie die → Folien einer Präsentation im Prinzip gestaltet sind. Es ist für alle Folien einer Präsentation gleich. Durch das Foliendesign wird das Aussehen des Hintergrunds, der Schrift sowie von → Diagrammen beeinflusst.

Foliensortierung

In der Foliensortierung erhalten Sie einen Überblick über die verschiedenen → Folien einer Präsentation. Die Folien werden in dieser → Ansicht verkleinert dargestellt, sodass Sie mehrere Folien auf einmal auf dem Bildschirm sehen können.

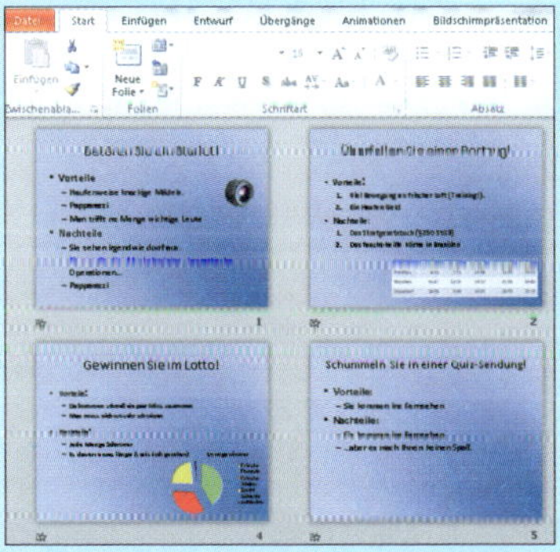

Was ist eigentlich ...?

Folienübergang
Unter einem Folienübergang versteht man die Art und Weise, auf die eine Folie während der Bildschirmpräsentation eingeblendet wird.

Formatierung
Über die Formatierung bestimmen Sie das Aussehen eines Textes oder einer Grafik.

Gliederungsansicht
Die Gliederungsansicht dient dazu, einen Überblick über eine Präsentation zu verschaffen. Sie finden dort nur die Textinhalte der einzelnen → Folien. Grafische Objekte oder → Diagramme werden nicht angezeigt.

Handzettel
Unter einem Handzettel versteht man den Ausdruck von → Folien in verkleinerter Form. Handzettel können Sie an Ihr Publikum verteilen, damit Ihre Zuschauer der Präsentation besser folgen und Notizen eintragen können.

Installation
Als Installation wird die Einrichtung einer neuen Anwendung auf dem PC bezeichnet. Die Installationsdateien werden entweder von einem Datenträger – → CD, DVD oder USB-Stift – oder über das → Internet auf den PC übertragen. Meist hilft ein sogenannter Installationsassistent bei der Einrichtung

Was ist eigentlich ...?

und Konfiguration eines neuen Anwendungsprogramms.

Internet
Das Internet ist der weltweite Verbund von Computern über Stand- und Telefonleitungen. Zuerst nur als Verbindung für militärische und wissenschaftliche Zwecke gedacht, entwickelte sich das Internet durch die starke Verbreitung des PCs zu einem globalen Verbund, der – ungeachtet aller politischen und geographischen Grenzen – die Verbindung zwischen Millionen von Menschen herstellt und den Gedankenaustausch und mit ihm den Austausch von Texten, Bildern, Tönen und Filmen fördert.

Kapitälchen
Wenn Wörter durchgängig in Großbuchstaben geschrieben werden, diese aber in der Höhe an die Kleinbuchstaben, die durch sie ersetzt werden, angepasst sind, spricht man von Kapitälchen, beispielsweise KAPITÄLCHEN. Mit Kapitälchen lassen sich innerhalb eines Textes, vor allem aber am Textbeginn Akzente setzen, da die so gesetzten Wörter dem Leser besonders ins Auge springen.

Kilobyte
→ Byte

Kontextmenü
Ein Klick auf die *rechte* Maustaste öffnet das Kontextmenü. Kontextmenüs

Was ist eigentlich ...?

enthalten je nach Position der → Einfügemarke oder → Markierung während des Mausklicks situationsbezogene Befehle und Funktionen.

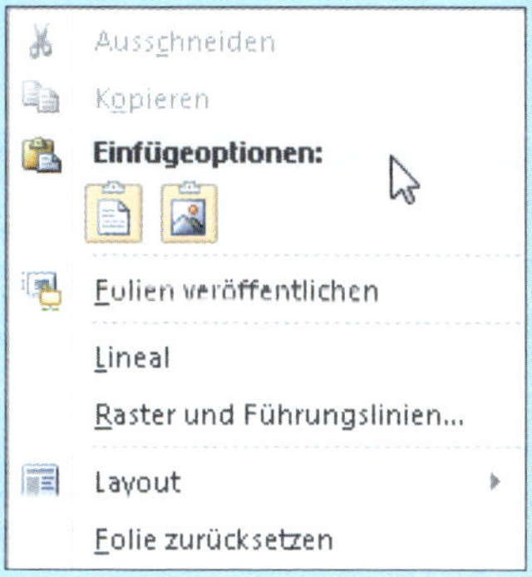

Markierung

Immer wenn Sie einen Text oder eine Zeichnung, ein Diagramm oder ein Foto bearbeiten möchten, müssen Sie das Element zuvor markieren. Das erreichen Sie am besten durch Anklicken mit der Maus. Indem Sie die Maus mit gedrückt gehaltener linker Maustaste über mehrere Elemente ziehen, können Sie „auf einen Streich" umfangreichere Markierungen setzen.

Megabyte

→ Byte

Menüband

Über das Menüband am oberen Rand des PowerPoint-Programmfensters, das

Was ist eigentlich ...?

in der Vorgängerversion 2007 noch Multifunktionsleiste hieß, erreichen Sie alle Befehle und Einstellungen. Das Menüband ist in Form eines Registers aufgebaut. Durch Klicks auf die jeweiligen → Registerreiter können Sie zwischen den einzelnen Registern wechseln.

MP3

Ist der Name eines Komprimierungsverfahrens, mit dem Musikdateien komprimiert werden. Dadurch passen mehr Musikdateien auf eine → CD oder ein MP3-Abspielgerät, ohne dass die Qualität hörbar leidet. Die Musikdateien einer Musik-CD werden mit dem Verfahren auf 10 Prozent der ursprünglichen Größe komprimiert.

Online

Online bedeutet, dass Sie mit einem Internetanbieter verbunden sind, also Zugriff auf → E-Mails, Internetseiten und andere Internetdienste haben.

Ordner

→ Dateien können Sie in Ordnern zusammenfassen, gerade so wie Sie auch Briefe und Dokumente nicht einfach auf einem großen Haufen auf Ihrem Schreibtisch herumliegen lassen, sondern in Ordner einheften.

Präsentation

Eine Präsentation besteht aus mehreren → Folien, auf denen Sie einem Publi-

Was ist eigentlich ...?

kum Zahlen, Daten und Fakten präsentieren.

Punkt
Bei der Arbeit mit Text ist Punkt die standardisierte Maßeinheit. Ein Punkt entspricht einer Höhe von 0,351 mm.

Rahmen
Ein Rahmen versieht Texte oder Grafiken mit einer Umrandung. Damit können Sie Teile einer → Folie hervorheben oder abgrenzen.

Registerreiter
Registerreiter gliedern Programmfenster in einzelne Karteikarten. Auf den Registerkarten eines → Dialogfensters finden Sie thematisch sortiert Einstellungen oder Befehle. Per Klick auf einen Registerreiter wechseln Sie in die entsprechende Registerkarte.

Rohling
Ein Rohling ist eine → CD/DVD, die noch nicht beschrieben ist. Die CD kann mit einem sogenannten Brenner beschrieben (gebrannt) werden. Für die DVD muss ein DVD-Brenner verwendet werden.

Statusleiste
In der Statusleiste am unteren Rand des PowerPoint-Fensters weist das Programm Sie darauf hin, welche → Ansicht gerade angezeigt wird, welches

Was ist eigentlich ...?

Design die aktuelle → Folie besitzt und was Sie sonst noch zum aktuellen Zustand (Status) wissen sollten.

Symbol
Symbole sind im Prinzip nichts anderes als bildlich dargestellte Befehle. Welcher Befehl einem Symbol zugeordnet ist, erfahren Sie aus der QuickInfo-Anzeige: Wenn Sie den Mauszeiger auf ein Symbol führen und den Zeiger dort verweilen lassen, erscheint eine erklärende Texteinblendung.

Tastenkombination
Durch das gleichzeitige Niederdrücken verschiedener Tasten, in der Regel gepaart mit sogenannten Steuerungstasten wie [Strg] oder [Alt], lassen sich viele Befehle direkt eingeben. Sie sparen sich somit den Klick auf Menüs oder Symbole und können die Hände direkt auf der Tastatur lassen. Voraussetzung ist selbstverständlich die Kenntnis der Tastenkürzel. Bekannt sind [Strg] und [V] für Löschen, [Strg] und [C] für Kopieren sowie [Strg] und [V] für Einfügen.

Was ist eigentlich …?

Windows-Menü

Über dieses zentrale Menü können Sie Windows beenden, steuern und alle Anwendungen starten.

Geöffnet wird das Menü mit einem Mausklick auf das Windows-Symbol am linken unteren Bildschirmrand.

Word

Word 2010 ist die neueste Version der bekanntesten Textverarbeitung für den Windows-PC. Es gehört zu dem Produktpaket Microsoft Office 2010. Mit Word können Sie Texte schreiben, strukturieren, gestalten und überprüfen. Zudem beherrscht Word viele ergänzende Textelemente (beispielsweise Tabellen und Grafiken), um die sich Texte für den Ausdruck und die Veröffentlichung im → Internet bereichern lassen.

Was ist eigentlich …?

Zelle

Eine Zelle ist die kleinste Einheit in einer Datentabelle. In Zellen tragen Sie Text oder Zahlen ein.

Ziehen

Als Ziehen wird die Bewegung der Maus mit gedrückter linker Maustaste bezeichnet. Dabei „hält“ die Maus das angeklickte Element (Zeichen, → Anfasser, Grafiken oder Dateien) „fest“ und bewegt es mit dem Mauszeiger an die gewünschte Stelle, wo die Maustaste dann losgelassen wird.

Zoomfaktor

In jeder → Ansicht außer der → Bildschirmpräsentation können Sie den sogenannten Zoomfaktor ändern. Über den Zoomfaktor legen Sie fest, in welcher Größe die Informationen dargestellt werden. Durch einen hohen Zoomfaktor vergrößern Sie die dargestellten Informationen, ein kleiner Zoomfaktor stellt die Informationen kleiner dar.

Zwischenablage

Die Zwischenablage ist ein flüchtiger Speicher, in den Sie Text und Grafik kopieren können. Die Zwischenablage ist unter Windows programmübergreifend. So können Sie beispielsweise den Inhalt einer → Markierung aus PowerPoint in → Word übertragen. Beim Beenden von Windows wird der Inhalt der Zwischenablage gelöscht.

Stichwortverzeichnis

Besuchen Sie uns im Internet:
www.ullstein-taschenbuch.de

Originalausgabe im Ullstein Taschenbuch

E-Mail: buecher@computerbild.de
Umschlaggestaltung: HildenDesign, München / Buch und Werbung, Berlin
Titelabbildung: © Bill Frymire / Masterfile
Satz und Repro: LVD GmbH, Berlin
Druck und Weiterverarbeitung: CPI - Ebner & Spiegel, Ulm
Printed in Germany
ISBN 978-3-548-41298-6